Mulheres de impacto

Histórias de sucesso no empreendedorismo feminino

EDITORA
CHAVE MESTRA®

EDITORA CHAVE MESTRA®

Av. Marcos Penteado de Ulhoa Rodrigues, 1119 – Tamboré, Alphaville – SP,
Ed. Office Shopping Tamboré – andar 21 – sala Chave Mestra
CEP: 06460-040
@editorachavemestra
editora@editorachavemestra.com.br
Acesse: www.editorachavemestra.com.br

Título original em português:
Mulheres de impacto: histórias de sucesso no empreendedorismo feminino

Direção editorial: Raquel Medeiros
Coordenação editorial: Bartira Costa Neves
Assistência Editorial: Eloiza Andrade e Larissa Robbi Ribeiro
Revisão: Gabriela Andrade e Híllona Anjos
Diagramação e projeto gráfico: Daniel Marchesani
***Branding* de capa:** Izzo Medeiros

Dados Internacionais de Catalogação na Publicação (CIP)

Vale, Rogério (Organizador)
V149 Mulheres de impacto: histórias de sucesso no empreendedorismo feminino / Rogério Vale (org.) – Barueri, SP: Chave Mestra Editora, 2024.
192 p.: 16 x 23 cm

ISBN 978-65-5496-051-9

1. Empreendedorismo. 2. Desenvolvimento pessoal. 3. Espiritualidade. 4. Vida cristã. 5. Prosperidade. 6. Inteligência espiritual. 7. Fé. I. Título.

CDD 158.1

Mulheres de impacto

Histórias de sucesso no empreendedorismo feminino

PREFÁCIO

Meu Deus! Quanta gratidão sinto por estar vivendo este momento com cada empreendedora que aceitou se desafiar e, com coragem, compartilhar sua história neste livro. Minha admiração, respeito e gratidão pela vida e pela história de cada uma.

Fiquei pensando desde quando tenho esse desejo de realizar um projeto com mulheres e me dei conta que já se passou muito tempo. Vamos dando prioridade para tantas coisas e o tempo passa, realizando ou não nossos sonhos. Muitas vezes, ficamos esperando o momento perfeito, deixamos as coisas para "um dia desses" e a hora certa nunca chega. Então, por que não agora?

O projeto *Mulheres de impacto* é a realização de mais um sonho, fruto do desejo de registrar histórias de mulheres que estão realizando grandes mudanças em suas vidas por meio do empreendedorismo. Mulheres que escolheram ser autorresponsáveis e sair da zona de conforto, pois esta precisa ter prazo de validade vencida para avançarmos. O crescimento, seja pessoal ou profissional, só acontece fora da zona de conforto. É no confronto que há expansão.

São mulheres empreendedoras, generosas, líderes, corajosas, imparáveis, destemidas, que precisaram renunciar muitas coisas e fizeram acontecer. Criaram possibilidades, descobriram seus porquês, buscaram formas de se superarem, se reinventaram trabalhando suas vulnerabilidades e se tornaram seres humanos melhores. Elas conquistaram o sucesso e como o sucesso está na esfera do "ter", e ele é temporário, então buscaram a esfera do "ser" e se tornaram extraordinárias.

Mulheres de impacto

O objetivo não é simplesmente contar e compartilhar suas histórias com seus desafios superados e suas lições aprendidas, nem dividir suas conquistas e vitórias alcançadas. O propósito deste livro vai além: ele busca motivar, inspirar, ensinar novas possibilidades e mostrar através das histórias que a persistência a levará a lugares que você nunca sonhou. Você irá conhecer histórias de mulheres que decidiram fazer transição de carreira, muitas largaram a segurança do emprego para se tornarem empreendedoras e deram a oportunidade para outras empreenderem nos seus próprios negócios, outras passaram a investir mais tempo nelas mesmas do que no seu próprio negócio e todas se tornaram profissionais extraordinárias.

Este livro, além de tocar sua razão, também irá tocar seu coração e ao final da leitura com certeza você sairá maior e melhor do que quando começou a ler. E como diz Mary Wollstonecraft: "Eu não desejo que as mulheres tenham poder sobre os homens, mas sobre si mesmas".

Dedico este livro a todas as mulheres que, de uma forma ou de outra, são empreendedoras e convido você a mergulhar nestas histórias de empreendedorismo feminino. E o meu desejo é que elas impactem sua jornada de transformação para sua vida de sucesso e realização dos seus sonhos.

Esteja certa: onde você está não é onde você deve ficar.

Uma observação importante: todas as conquistas que você vai ler em cada uma das histórias são possibilidades e não são promessas.

Boa leitura!

Rosilei Bortoli

SUMÁRIO

Mulheres de impacto

Foto: Maurilo Pereira.

Brígida Matos

Sou Brígida Matos, casada há 46 anos com o Gerardo Matos, mãe de três filhos: Renata Matos, Roberto Matos e Rodolfo Matos e avó de quatro netinhos: Theo, Dan, Elisa e Miguel. Resido em Fortaleza/CE.

Fui bancária por trinta anos, época em que ocupei funções de gerenciamento e supervisão. Há 23 anos, atuo como empreededora em uma empresa de nutrição, cuja distribuição dos produtos é feita em rede. Meu propósito principal é contribuir com o envelhecimento ativo e saudável, através da melhoria de estilo de vida, partindo do meu exemplo.

Tive o privilégio de ser treinada por alguns dos melhores palestrantes em Desenvolvimento Pessoal e Liderança, tanto a nível nacional quanto internacional, como Jim Rohn, T. Harv Eker e Blair Singer.

brigidamaiamatos

+55 (85) 99985-1354

Mulheres de impacto

1 DA PIABA AO CAVIAR

Por Brígida Matos

Minha história de vida divide-se em três ciclos.

O primeiro: o ciclo da sobrevivência (do nascimento até meus 18 anos)

Este foi um ciclo de muita e exclusiva luta pela subsistência diária. O máximo que conseguíamos era o alimento de cada dia.

Nasci em família muito pobre de recursos econômicos e financeiros, na zona rural (Botica) do município de Russas/CE, sou filha primogênita de João Maia (*in memoriam*) e Neném Maia (*in memoriam*). Éramos quatro filhos, uma escadinha. Eu (1956), Dedé (1957), Margarida (1958) e mainha (1960-1979); mais tarde, chegou Ireuda, nossa irmã adotiva.

Meus pais lutavam diariamente pelo "pão nosso de cada dia", como meu pai falava. Sou muito grata pelo que herdei deles - os fundamentos para uma vida de impacto: caráter, esperança, fé, gratidão e honestidade.

Meu principal desafio nesse primeiro ciclo foi ter acesso à escola. Isso porque nossa subsistência provinha apenas de uma agricultura de fundo de quintal e algumas piabas (peixes miúdos) pescadas pelo meu pai, no rio Jaguaribe. No casebre de taipa, esburacado, no chão batido, sem qualquer mobília, onde nasci e vivi até meus 18 anos, dificilmente circulava dinheiro, também não se falava de sonhos, de crescer e evoluir. Praticamente vivíamos do escambo. Por exemplo, para ter leite para os filhos, meu pai se oferecia para cuidar da vaca do vizinho e em troca poder tirar o leite para nos alimentar.

Em termos de recursos financeiros, tudo era muito escasso; até mesmo um caderno de escrita era feito de papel de embrulho e costurado à mão pela minha mãezinha. Tínhamos direito a uma única roupa de chita por ano, por ocasião da missa de Natal. Nosso meio de transporte era um jumentinho que servia para tudo, desde carregar a ração para alimentar a vaca que nos dava o leite até a nossa locomoção de um lugar para outro.

Estudei de favor em casa de familiares e amigos, a quem sou muito grata. Nossa! É tanta gente que tenho a agradecer! Como não tinha outro meio de transporte, sequer uma bicicleta, a maior parte do tempo passava no trajeto para a escola, que, independentemente da distância, era feito a pé. Houve épocas em que eu andava de 6 a 12 km por dia até chegar ao colégio.

O que aprendi neste ciclo: quando se sabe o que quer e se quer com toda a força da alma, todos os obstáculos são superados.

Tempos depois, no meu terceiro ciclo, aprendi que o maior desafio do ciclo da sobrevivência era a falta de visão, porque uma mente ocupada apenas com a sobrevivência diária não tem espaço para um plano de prosperidade, já que as gavetas mentais estão preenchidas a ponto de caber os sonhos e a visão.

Era assim que vivia meu pai. Além disso, ele acreditava que somente a extrema pobreza nos levaria ao Reino dos Céus. Mesmo assim, em oposição ao meu ambiente diário, eu alimentava alguns sonhos e falava sempre sobre eles. Os principais eram a educação formal, o concurso, um emprego, a vida na cidade, oferecer uma melhor qualidade de vida aos meus pais e irmãos.

Lição deste ciclo: a vida é feita de dualidades. Nem tudo é tão ruim quanto parece. A dificuldade e o sofrimento tornam o ser humano mais forte e resiliente.

O segundo: o ciclo do emprego, o ciclo dos concursos, o ciclo da dependência de outros e o ciclo do salário mensal (dos 18 aos 44 anos)

Um ciclo de muito trabalho, muito estresse e um excelente salário. Também de alegria por poder comprar aquilo que tanto desejava antes e não podia ter. Sou muito grata por esse ciclo.

Com meu primeiro salário, pude adquirir o primeiro imóvel mobiliado para os meus pais e irmãos. Coisas que se tornaram rotina depois, como a simples ação de poder encher um carrinho de supermercado para abastecer a cozinha dos meus pais, que era motivo de extrema alegria para mim. E assim, consegui realizar meu principal sonho de criança: melhorar a qualidade de vida deles. Quanta alegria! Ver minha mãe com os olhos lacrimejando de emoção por ter um pouco mais de conforto não tem preço.

Neste ciclo (1978), casei-me com Gerardo Matos, meu primo legítimo, meu grande amor e companheiro de todas as horas. São 46 anos muito bem vividos. Que privilégio ter você ao meu lado, meu amor. Tivemos três maravilhosos filhos: Renata, Roberto e Rodolfo, nossas joias preciosas.

Do lado profissional, minha vida era trabalho. Como gerente de banco, dedicada a cumprir metas diárias dos mais de trinta itens listados, chegava a trabalhar até 16 horas por dia. Praticamente não desfrutei da infância dos meus filhos. Saía cedo de casa e chegava tarde quase todos os dias. Não ver meus filhos crescerem era um desafio que me causava remorso.

Ao final deste ciclo, estava em um alto nível de estafa, o que seria classificado hoje como síndrome de *burnout*. Ao mesmo tempo, percebi que alguns dos meus sonhos tinham sido trancafiados. Já não tinha tempo de sonhar.

Lição desse ciclo: quando se troca nosso tempo por dinheiro (emprego), falta liberdade para sonhar e realizar.

O terceiro: o ciclo do empreendedorismo, da liberdade de tempo e de dinheiro (dos 44 anos aos dias de hoje, com 67 anos)

Entrei neste terceiro ciclo devido ao alto nível de estresse do segundo ciclo. Foi no final de 2000, quando tive uma taquicardia de quase duas horas, com 180 batidas por minuto. Eu tinha 44 anos e ouvi do médico que minha vida estava em perigo. Tomei uma drástica decisão: abri mão da gerência no banco e, com isso, meus ganhos foram reduzidos em R$ 5.000,00, de cara.

Eu me encontrava com pouca saúde e pouco dinheiro, apesar de ainda ter que dedicar oito horas por dia ao meu emprego. Nessa mesma época, os negócios do meu marido, por razões climáticas e condições alheias ao nosso controle, não iam muito bem. Acabou fechando. Assim, tivemos um déficit no orçamento doméstico em torno de R$ 8.000,00.

O que mais me aterrorizou foi a possibilidade de ter que tirar meus filhos da escola em que estudavam, por falta de recursos para custear. Lá estava eu voltando ao meu suplício de criança. Mas sempre fui uma pessoa de fé e sempre acreditei que há solução para tudo, desde que estejamos dispostos a resolver.

Comecei a procurar algo em que pudesse fazer à noite, já que eu trabalhava no banco durante todo o dia. E como quem procura, acha, eu encontrei a oportunidade que mudou completamente o rumo da minha vida e da minha família.

Era início de 2001, quando conheci a oportunidade de empreender, ser dona do meu próprio negócio, dona do meu tempo e definir quanto gostaria de ganhar. Meu marido juntou-se a mim nessa nova empreitada. Já se passaram 23 anos e têm sido os melhores anos de nossas vidas.

Nesse ciclo, aconteceu o casamento dos nossos filhos e nossa família cresceu. Sou muito grata pelo meu genro, Marcos Rogério, e minhas noras, Dalylla Maciel e Josy Oliveira. E o que dizer dos nossos netinhos: Theo, Dan, Elisa e Miguel? São verdadeiras joias que enriquecem nossa vida todos os dias.

Também foi nesse ciclo que desengavetei muitos sonhos, principalmente o de viajar. Já foram muitas e muitas viagens pelo Brasil e o mundo; porém, meu maior ganho é o estilo de vida ativo e saudável e a probabilidade de uma vida longeva com qualidade.

Foi nesse ciclo em que entendi a importância do desenvolvimento mental, da leitura diária, do fortalecimento da mente. Nesse ciclo, fizemos muitos amigos e tivemos o privilégio de ser treinados pelos melhores líderes em nutrição e desenvolvimento pessoal do planeta. Tenho mentores magníficos a quem sou muito grata. Formamos um time de pessoas empreendedoras que estão em franco crescimento emocional, espiritual, financeiro e profissional. Ter o privilégio de trabalhar formando multiplicadores de bem-estar é, para mim, uma incrível oportunidade de deixar um legado e não apenas passar pela vida despercebida.

Das leituras e treinamentos de que participei nesse terceiro ciclo, alguns me chamaram mais a atenção e procuro seguir:

- Propósito: a semente plantada tem que germinar e cumprir sua missão na Terra; viver na mediocridade não combina com uma missão grandiosa.
- Decisão: a mola propulsora que, após tomada, exige coragem, fé, força e a ação necessária a ser implementada.
- Resiliência: a capacidade de continuar lutando após cada dor, sofrimento e dificuldade.
- Paciência: suportar as dores e sofrimentos sem perder a fé e a paz interior.
- Persistência: continuar lutando até conseguir.
- Desistir, jamais.

Foram tantas as lições que aprendi neste ciclo!

É possível ter tudo na vida, se seguirmos estes simples passos:

1. sonhar;
2. ter metas por escrito e sempre à vista, com data a ser realizada;
3. ter um plano;
4. entrar em ação imediata;
5. agir continuadamente: ser consistente;
6. ter compromisso;
7. Ter determinação: sempre avante e em frente;
8. manter o foco;
9. ter um mentor;
10. ser membro de um sistema que sirva de estrutura para a consecução de seus sonhos;
11. cercar-se de pessoas positivas e afastar-se das negativas;
12. ser paciente e persistente;
13. nunca menosprezar o poder dos sonhos.

Os sonhos são capazes de lhe tirar da escuridão das trevas e lhe levar aos holofotes das multidões, se forem postos em ação.

Lembre-se sempre de aproveitar a oportunidade de deixar o lugar por onde você passar melhor do que o encontrou.

Semeie boas sementes, mesmo que seja em meio aos pedregulhos; elas sempre gerarão bons frutos.

Mantenha distância de pessoas negativas. Elas exaurem energia e contaminam sua mente. Seja uma fonte geradora de boas energias.

Seja um eterno vigilante de sua mente. Só deixe entrar as boas coisas. As boas ideias, as boas conversas. Você não precisa ser a pessoa mais atualizada das desgraças do mundo, a não ser que possa fazer algo a respeito.

Seja grato pelo que tem, enquanto busca o que deseja.

Antes de falar mal de alguém, tente calçar os sapatos dele.

Lute pelos seus sonhos.

“Saiba o que você quer e porque quer. Trace o plano de ação. Decole e se aprimore em pleno voo.”

Brígida Matos

Carla Utuari

Sou Carla Utuari, natural de Dourados/MS, e compartilho uma história de amor e cumplicidade com meu esposo, Jorge Ramos, há 35 anos. Juntos, criamos dois filhos maravilhosos, Nathan e Yasmin, e agora temos a alegria de ser avós de duas meninas encantadoras, Valentina e Antonella.

Minha jornada é simples, mas repleta de significado. Com apenas um diploma de datilografia, aprendi que a verdadeira educação vem das experiências da vida. Como dona de casa, enfrentei muitos desafios. Hoje, compartilho minha trajetória de superação e amor, motivando pessoas a enxergarem a beleza nas pequenas coisas e a lutarem pelos sonhos.

Convido você a se conectar comigo e descobrir como minha história pode inspirar a sua.

jorgecarlaramos

+55 (65) 98417-4332

Mulheres de impacto

2 DECISÃO É DIFERENTE DE CONDIÇÃO

Por Carla Utuari

Por meio desta narrativa, venho contar um pouco da minha história, que é marcada por desafios e superações. Desde a minha infância, eu sentia uma dificuldade imensa em me encaixar no meio escolar. Não gostava de estudar, matava aula frequentemente e, infelizmente, não consegui concluir a graduação no ensino básico. Esse fator me excluiu das oportunidades no mercado financeiro tradicional, limitando minhas possibilidades de crescimento e sucesso profissional.

Minha infância foi particularmente conturbada. Cresci em uma cidade de fronteira, junto com minhas três irmãs, em um ambiente permeado pelo medo e pela falta de ambição. Sempre fomos coibidas, vivendo sem espontaneidade e sem perspectivas de futuro. Esse ambiente inibiu a nossa capacidade de sonhar alto.

Minha vivência em meio a brigas constantes entre meus pais também deixou marcas profundas. Meu pai, alcoólatra e agressivo, tornava a convivência familiar extremamente difícil e dolorosa. Presenciei muitas discussões intensas entre meus pais, chegando ao ponto de precisar pedir ajuda aos vizinhos em várias ocasiões. Muitas vezes, eu me refugiava no colo da minha mãe, tentando protegê-la da violência. Esse trauma me acompanha até hoje, e não consigo presenciar brigas sem reviver aquelas cenas dolorosas da minha infância.

Aos 15 anos, um momento que deveria ter sido marcado por celebração e alegria, acabou se tornando um trauma. Minha mãe estava no interior paulista para fazer uma cirurgia e eu fiquei em casa apenas com meu pai e minha irmã mais nova, já residindo no interior do Mato Grosso. No dia do meu aniversário, decidi visitar uma amiga que morava na esquina de casa para andarmos de bicicleta e comemorarmos o meu dia. Quando voltei, meu pai, que não sabia que era o meu aniversário, me repreendeu por ter chegado tarde da noite. Naquela noite, dormi chorando e sem receber os parabéns. Esse episódio deixou uma cicatriz em mim e, durante muitos anos, essa data foi marcada por tristeza. No entanto, consegui transformar essa dor ao proporcionar à minha filha o aniversário dos sonhos, encerrando assim esse ciclo de sofrimento e trazendo um novo significado para essa data.

Mesmo com todas essas dificuldades, eu nutria o sonho de me casar, ter filhos, cuidar da casa e começar a minha própria história, deixando para trás todo o peso da minha infância. Aos 15 anos, conheci o amor da minha vida, minha alma gêmea, a pessoa que iluminou esse ciclo de uma forma positiva. Jorginho entrou na minha vida como um raio de sol, trazendo esperança e amor. Começamos a construir um relacionamento sólido, e hoje, após 35 anos, continuamos juntos, escrevendo uma história de superação e inspiração.

Nós nos conhecemos em 1988, na cidade de Sinop/MT. Na época, Jorginho era jogador de futebol, tinha 19 anos e apenas um contrato de três meses no time de Sinop, para disputar a final de um campeonato e depois voltar para São Paulo. Nos apaixonamos profundamente e sabíamos que aquele contrato estava prestes a acabar, o que significava que Jorginho iria embora. Passamos o último mês do contrato nos despedindo e, quando ele terminou, meu grande amor partiu. No entanto, lutamos para que nossa história não terminasse ali. Continuamos nosso relacionamento à distância, trocando cartas regularmente — que guardamos até hoje — e fazendo ligações telefônicas de apenas três minutos a cada 15 dias, usando fichas telefônicas.

A distância era dolorosa, mas nossa conexão era forte o suficiente para superar qualquer obstáculo. Depois de algum tempo, Jorginho foi convidado para voltar a morar na capital do Mato Grosso, Cuiabá. Ele me ligou do orelhão e me fez um convite ousado: fugir e morar com ele. Mas havia um grande problema, eu não tinha dinheiro suficiente para realizar essa loucura. Desesperada, recorri a um amigo para me emprestar a quantia necessária e seguir em direção ao meu sonho.

Parti para Cuiabá sem dinheiro e sem celular, carregando apenas a esperança de construir uma vida ao lado do meu amor. Cheguei na cidade às 6h da manhã de uma sexta-feira, apenas com uma mochila nas costas. Sem ter como falar com o Jorginho, esperei por ele durante 30 minutos. Embora meu coração estivesse aflito, me mantive calma, acreditando que tudo daria certo. Quando ele finalmente chegou, me confessou que não acreditava que eu realmente iria para Cuiabá. Além disso, admitiu que não tínhamos onde morar.

Esse foi mais um desafio que enfrentamos juntos. Minha sogra, que morava em Cuiabá, nos recebeu em sua casa para nos ajudar. No entanto, ela era contra o nosso relacionamento devido à nossa idade - eu tinha acabado de completar 16 anos e Jorginho tinha 20. A situação ficou extremamente desconfortável, pois minha sogra também fazia uso abusivo de álcool e me desrespeitava diariamente, demonstrando sua insatisfação com nossa união. Diante dessa tensão, conseguimos convencer a dona de uma república a nos aceitar no local onde os jogadores moravam. Nos cederam um quarto simples, com um colchão no chão, um ventilador quebrado — em uma cidade em que a temperatura frequentemente atinge 40 °C — e um banheiro compartilhado por dezoito jogadores. Eu só conseguia usar o banheiro quando eles saíam para o treino, e, mesmo assim, precisava higienizá-lo por inteiro antes de usá-lo.

Eu nunca havia trabalhado antes, mas sempre fui ensinada a ser consciente com o dinheiro, o que me levou a desenvolver uma gestão financeira essencial para nossa sobrevivência em uma cidade nova, sem suporte e com apenas um salário-mínimo. Passamos anos andando a pé, mas sempre com o sonho de mudar de vida. Jorginho sempre foi muito positivo e ambicioso. Todos os dias, ele fazia a promessa de jogar futebol fora do país e crescer na sua profissão. Esse otimismo me contagiava, e minha função na época era acompanhá-lo, dar apoio e compartilhar com ele esse objetivo. Muitas vezes, ia aos jogos e treinos, cozinhava em um fogareiro e lavava roupa na mão para cuidar do meu amor.

Após dois anos juntos e vivendo nas condições mencionadas em Cuiabá, decidimos desbravar o interior de São Paulo. Residimos em cinco cidades por dois anos, até que finalmente conquistamos a tão almejada vaga em um time internacional. Jorginho foi contratado para jogar no México. No entanto, os desafios não pararam por aí. Descobri que estava grávida ainda no Brasil, e, sem visto para acompanhá-lo, precisei omitir minha gestação. Enfrentei uma viagem longa e cansativa, e, ao chegar no México, fiquei morando de favor na casa do empresário de Jorginho por um mês. A situação era extremamente complicada: me foi negada comida, e eu, grávida de sete meses, precisei dormir no chão.

Tive meu filho sozinha em um país estrangeiro, com apenas 20 anos, sem amigos, familiares e enfrentando o desafio de criar uma criança em uma cultura diferente, sem dominar o idioma local. Mesmo diante de todas essas adversidades, confiei em Jorginho para seguirmos juntos. Enfrentamos muitos desafios, mas conseguimos construir uma vida no México, onde residimos por quatro anos. Depois, vivemos no Equador e em Portugal, onde Jorginho teve novas oportunidades profissionais. Sabíamos que a carreira de jogador de futebol seria passageira e que precisaríamos planejar nosso futuro. Embora não tenhamos ganhado muito dinheiro, fomos cuidadosos com o que tínhamos, investindo sabiamente para garantir nossa segurança financeira.

Quando Jorginho encerrou sua carreira aos 30 anos, voltamos para a cidade onde nos conhecemos e minha família residia e construímos nossa casa. A vida continuava a nos desafiar, mas estávamos determinados a seguir em frente. Surgiu uma oportunidade para Jorginho trabalhar como vendedor de motos, e, embora fosse uma mudança drástica, nos adaptamos. Após nove anos nessa rotina, tive minha filha. Continuei como dona de casa, mas sempre em busca de uma renda extra.

Então surgiu uma grande oportunidade de negócio, algo que poderia transformar nossas vidas, mas que exigia um investimento inicial que não tínhamos. Minha família era contra essa nova trajetória, o que me gerava um bloqueio. Jorginho, no entanto, estava determinado. Durante oito meses, ele se dedicou sozinho, tentando me convencer a me juntar a ele. Eu, presa ao medo de fracassar, hesitava. Sempre achei que não tinha habilidade para vendas, o que me fazia sentir incapaz e insegura.

Mas Jorginho nunca desacreditou do meu potencial. Após um ano, ele me convidou para acompanhá-lo em uma venda. Relutante, mas aceitei, e a experiência foi péssima. A cliente foi extremamente ofensiva, o que me deixou envergonhada e desesperada para voltar para casa. Disse a Jorginho que não queria vender, que não era vendedora e que não sabia falar. Foi então que ele me disse algo que mudou minha visão para sempre: "Você vai comigo em mais clientes e eu vou provar que você é vendedora, sim. Afinal, você recomenda padaria, salão de beleza ou lojas de roupas? Isso é uma venda! Só que você não lucra com isso. E a vida não é feita apenas de 'sim', aprenda a lidar com os 'nãos'".

Essas palavras me fizeram refletir profundamente. Percebi que se eu já recomendava coisas que gostava, por que não poderia recomendar algo que me trouxesse retorno financeiro? Esse foi o ponto de virada. Decidi me aprimorar e buscar conhecimento. Comecei a fazer treinamentos, aos poucos vencendo o medo que me paralisava.

Empreendemos há 23 anos, realizamos inúmeros sonhos e, através do nosso próprio esforço, conquistamos bens que jamais imaginávamos. Trabalhamos em casal, apoiando-nos mutuamente, enfrentando os desafios de frente.

A mensagem que sempre deixo é que a vida é feita de decisões, e essas decisões não podem ser impedidas pelos nossos medos. Precisamos nos aventurar, explorar nossa criatividade e acreditar no nosso potencial. Se eu consegui, qualquer pessoa também pode, desde que esteja disposta a enfrentar seus medos e a lutar pelos seus sonhos.

“Fazer até dar certo.”

Carla Utuari

Carlota Batista

Meu nome é Carlota Batista, nasci em São Paulo e resido em Itupeva/SP com meu marido José Batista. Sou casada há 46 anos, tenho dois filhos e cinco maravilhosos netos.

Sou mentora de pessoas que buscam qualidade de vida e crescimento financeiro. Amo ficar em casa junto da minha família e de viajar, conhecer outros países e culturas.

A minha história de sucesso foi após muitas superações e aprendizados. Como é incrível mudar nossa vida através de conhecimento, treinamentos e experiências de outros.

Nunca é tarde para mudar nossa mentalidade!

encontrocomcarlota

+55 (11) 96464-6868

cbatis@terra.com.br

encontrocomcarlota

Mulheres de impacto

3 VIDA EXTRAORDINÁRIA

Por Carlota Batista

Quero começar agradecendo a Deus, em primeiro lugar, por me permitir compartilhar um pouco da minha história. Agradeço também ao meu marido, José Batista; aos meus filhos, Felipe e Thais; e aos meus queridos netos, Ellis, Júlia, Raul, João e Theo, que são a razão pela qual eu nunca desisto de buscar uma vida melhor.

Minha mãe, Dona Irene, como todos a conhecem, foi e é uma grande inspiração. Como filha mais velha, sempre vivi de perto os desafios e as vitórias da sua trajetória. Meus pais tiveram cinco filhos e, sempre digo, sou abençoada por ter irmãos maravilhosos que amo tanto.

O que mais me marcou na infância foram as histórias que minha mãe contava. Ela falava sobre meus avós, que eram bem-sucedidos, da casa com muitos empregados. Eu adorava os detalhes — os lustres de cristal, a fazenda, os negócios do meu avô. Quando nasci, minha avó preparou um enxoval de princesa para mim. Nossa, como eu amava ouvir essas histórias!

Mas o final delas nem sempre era feliz. No fim, eles perderam tudo e, por isso, passamos por dificuldades. Uma frase que minha mãe dizia, e que nunca me esqueço, era: "Não sei o que vou colocar na panela hoje". Meu pai recebia seu salário, eles faziam compras de mantimentos, mas, ao final do mês, já não havia mais nada.

Até os meus 10 anos, nossa casa tinha apenas dois cômodos — a cozinha e o quarto, onde dormíamos todos juntos. Apesar disso, minha mãe continuava contando as histórias de quando meus avós eram ricos e de como era viver numa mansão. Sem saber, ela estava plantando uma semente de prosperidade na minha cabeça. Foi uma infância com muitos desafios, mas também com felicidade.

Agora, vou adiantar um pouco a minha história. Aos 20 anos, conheci o Batista, que veio de Angola para o Brasil atrás de um sonho. Em seis meses, nos casamos. O sonho dele era me dar uma vida de princesa e viajarmos pelo mundo. Na época, nós dois trabalhávamos na mesma empresa. Minha jornada como empreendedora começou com o nascimento dos nossos filhos. Saí do emprego para cuidar do meu primeiro filho e comecei a comprar roupas de cama e vendê-las de porta em porta. Com o nascimento da Thais, continuei fazendo o mesmo. Saía com os dois após o almoço para vender.

Até que um dia abri a primeira loja. Depois veio a segunda; a terceira; a quarta. Assim se passaram catorze anos, e nossos sonhos acabaram sendo engavetados. Em 1995, encontrei-me trabalhando sem sonhos, sem perspectivas e, o pior de tudo, sem esperança. O Batista, que era engenheiro, foi demitido. Essa foi uma fase muito difícil. Ele ficou muito decepcionado e não queria mais trabalhar como empregado. Pegamos toda a indenização dele, fruto de dezoito anos de trabalho, e usamos para pagar as dívidas das minhas lojas. Estávamos no nosso pior momento. Não conseguíamos pagar o apartamento financiado nem a escola dos nossos filhos, e eu não conseguia encerrar as atividades das lojas, pois precisava acertar com os funcionários.

Muitas vezes, me pegava repetindo a frase da minha mãe: "Não sei o que vou colocar na panela hoje". Que momento difícil! Para alguém sonhadora como eu, parar de sonhar, perder a esperança e a fé, é algo terrível. Muitas de nós não vivemos nossos sonhos porque estamos vivendo nossos medos.

Foi nesse momento que recebi uma ligação sobre uma oportunidade de negócio, algo pelo qual eu vinha pedindo a Deus. Não imaginava que essa oportunidade mudaria nossas vidas para sempre. A frase que fez toda a diferença para mim foi: "Essa oportunidade está transformando a vida das pessoas." E era exatamente o que eu precisava, uma transformação. Já não aguentava mais viver um dia após o outro sem esperança.

Não vou dizer que foi fácil, mas foi simples começar. Houve muitos desafios e, por vezes, vontade de desistir. Mas aprendi que vencedores não são aqueles que nunca falham, mas sim aqueles que não desistem.

Com os primeiros resultados, o Batista entrou comigo nesse negócio. E assim se passaram 29 anos de trabalho, cheios de alegrias e desafios. Nessa época, nossos filhos eram adolescentes, tinham 14 e 16 anos, e a cobrança era enorme, pois estávamos começando um novo negócio, comprometidos em alcançar nossos objetivos. Eles não entendiam isso. O Batista, parcialmente engajado, também questionava: "Será que vai dar certo?".

Lembro-me de um momento muito difícil, quando minha filha, Thais, prestes a completar 15 anos, queria ir para a Disney com a escola e me questionou como eu, trabalhando tanto, não conseguia pagar por isso. Foi uma fase pesada, administrar o trabalho, os desafios da família e ainda manter a atitude positiva. Aprendi que **atitude é fundamental** para nos mantermos em pé e seguirmos rumo à conquista dos nossos objetivos. Para mim, a família sempre foi o mais importante. Esses desafios me faziam repensar minhas escolhas, mas continuei firme.

Após cinco anos no negócio, tivemos um momento desafiador com meu filho mais velho, que já tinha 20 anos. Ele quis sair de casa. Decidimos fazer uma longa viagem de carro, percorrendo 1.000 km, para ficarmos juntos como família e cada um poder falar sobre sua vida. Escolhemos um local que ele amava: a Chapada dos Guimarães. Quando chegamos em Campo Grande/MS, ele ficou maravilhado com o pôr do sol e nos perguntou: "Como vocês podem trabalhar de qualquer lugar, por que não mudar para cá e apreciar esse pôr do sol maravilhoso todos os dias?".

Foi então que percebi que essa mudança poderia ser a grande virada no nosso negócio. Sem conhecer ninguém, começamos a criar conexões, conhecer pessoas incríveis e apresentar nossa oportunidade. E, com isso, finalmente alcançamos o resultado que tanto esperávamos. Foi aí que eu realmente vivi o **simples, divertido e mágico**!

Após três anos morando em Campo Grande, fomos convidados a expandir nosso negócio para São José do Rio Preto, em São Paulo, que fica a cerca de 600 km de lá. Aceitamos o convite, e essa mudança foi uma experiência incrível. A cidade era tão quente que eu costumava trabalhar dentro da piscina, fazendo acompanhamentos e contatos!

Moramos por dois anos em São José do Rio Preto, e, devido à liberdade que o negócio nos proporcionava, recebemos outro convite, desta vez para o sul do país. E lá fomos nós para Curitiba, no Paraná. O clima lá era completamente diferente — enquanto em São José do Rio Preto fazia 40 °C, em Curitiba fazia 4 °C, com chuvas diárias e um frio delicioso. Eu me apaixonei pela cidade, mas meu marido e meu filho passavam o tempo todo dentro de casa, em frente à lareira. Já minha filha, que sentia falta dos amigos, decidiu voltar para nossa cidade de origem, Jundiaí, em São Paulo. Como a família sempre foi minha prioridade, após seis meses em Curitiba, retornamos para Jundiaí.

O tempo passou, meus filhos se casaram, e conseguimos realizar o sonho deles de terem o casamento que sempre desejaram. Naquela época, o episódio da Thais, aos 15 anos, querendo a viagem para a Disney nunca saiu da minha cabeça. Eu sempre prometi a mim mesma que, um dia, eles poderiam escolher onde morar e estudar. **Nunca é tarde para realizar nossos maiores sonhos.** Com isso, compramos uma casa nos Estados Unidos, em Orlando, e eles, com alguns dos meus netos, foram morar e estudar lá.

Tudo é possível quando você acredita, tem fé, foco, persistência e trabalha diariamente, além de contar com um time engajado que compartilha os mesmos sonhos e metas de sucesso.

Após todos esses anos no negócio, que foram fundamentais para nosso desenvolvimento pessoal e profissional, alcançamos a tão sonhada independência financeira. Conseguimos realizar muitos sonhos. É inacreditável o quanto ganhamos hoje em um mês — mais do que eu e o Batista ganhávamos juntos em um ano de trabalho.

Construímos nosso patrimônio, mas o melhor de tudo é ter tempo de qualidade com nossos netos, brincar com eles sempre que queremos e ajudar outras pessoas através dessa oportunidade, que a cada dia fica melhor. Poder inspirar pessoas a não desistirem dos seus sonhos e objetivos é algo que me traz muita alegria.

Sou profundamente grata às pessoas que me apresentaram essa oportunidade e que me ensinaram e me guiaram nos primeiros passos. **O que aprendi ao longo da minha jornada é que tudo na vida é uma fase.** Aprendi a ler mais, pois não tinha o hábito da leitura. Aprendi que nossa vida é como as estações do ano — teremos o inverno, mas depois sempre vem a primavera. Aprendi que atraímos o que vibramos, pensamos e desejamos. Por isso, passei a pensar, vibrar e desejar o melhor que a vida pode oferecer. Voltei a sonhar, e a sonhar grande.

A promessa do meu marido, de viajarmos pelo mundo, já está se concretizando, pois já visitamos mais de trinta países, e ainda planejamos conhecer outros trinta*. Que mudança maravilhosa!

Descobri, com toda essa trajetória de vida, que melhor do que realizar nossos próprios sonhos é poder ajudar outras pessoas a conquistarem os delas. **Essa é a minha missão hoje!**

** Os resultados obtidos por mim não representam nenhuma garantia de rendimento nem são típicos, apenas possibilidades.*

“Esta oportunidade está transformando a vida de pessoas ao redor do mundo.”

Carlota Batista

Cleusa Paço

Sou Cleusa Paço, tenho 63 anos, sou casada com Carlos Paço há 35 anos, temos filhos gêmeos: Pedro e Paulo. Nasci no interior de Minas Gerais, onde andava 11 km todos os dias para estudar. Aos 16 anos, fui morar na cidade de Cambuí/MG.

Comecei a faculdade de Engenharia Civil, mas no penúltimo ano tive de parar, por questão financeira, e não sou frustrada com isso. Sou empreendedora no ramo do bem-estar e qualidade de vida há 21 anos.

Através da oportunidade do marketing multinível, tive treinamentos com grandes líderes em educação financeira e desenvolvimento pessoal. Também tive a oportunidade de ganhar férias e conhecer lugares que nunca sonhei.

Para chegar aonde estou hoje, tive grandes desafios que forjaram a pessoa que sou.

cleusapaco

+55 (11) 98166-1840

Cleusa Paco

Mulheres de impacto

4 CRIE UMA MENTALIDADE DE PROSPERIDADE

Por Cleusa Paço

Nasci na roça, a primeira de sete irmãos. Tinha que andar 11 km todos os dias se quisesse estudar, fazendo sol ou chuva. Mas, antes de ir para a escola, precisava recolher as vacas no curral para meu pai. Ele era muito bravo e achava que mulher não precisava estudar, só precisava saber cuidar bem da casa e costurar. Ele era alcoólatra e isso era muito difícil, não queria aquela vida para mim e para meus irmãos, mas minha mãe era uma mulher além do seu tempo, me incentivava a lutar, a estudar, a buscar algo melhor, com isso mostrava o caminho para mim e meus irmãos.

Com 13 anos, fui morar com meus tios no Paraná para estudar. Foi muito difícil ficar longe dos meus pais. Quando voltei, minha mãe conseguiu convencer meu pai a nos deixar ir para a cidade, para trabalhar e estudar. Morávamos sozinhas na cidade, eu e mais duas irmãs no início, pois meu pai não deixava a minha mãe ficar conosco (se quisesse era assim). Lá, trabalhei em supermercado, loja de móveis, escritório de contabilidade e dei aula de datilografia.

Terminei o Ensino Médio e comecei o curso técnico em edificações em Bragança Paulista/SP. Viajava todos os dias, era muito corrido; saía às 7h30 de casa para trabalhar, do trabalho ia para Bragança de ônibus e retornava para casa em torno de 1h da madrugada. Por isso, decidi mudar para Itatiba/SP para continuar o técnico, que também era disponível lá, e fazer a tão sonhada faculdade de Engenharia Civil.

Nessa época, morava com uma irmã de 13 anos em uma quitinete e o que ganhávamos mal dava para pagar o aluguel, água, luz e minha escola. Dormíamos no chão em cima das nossas roupas, abraçadas para não sentirmos tanto frio. Minha irmã dividia uma marmita com outro funcionário da loja em que trabalhava, porque ele gostava muito dela e trazia a comida. Eu comia dois ovos cozidos por dia, que minha irmã cozinhava em seu trabalho, e tomava muito chá para espantar a fome. Fizemos isso por dois anos; não tínhamos nada dentro de casa, lavávamos a roupa na pia do banheiro. Sempre existiram anjos em nossas vidas e fomos ganhando os móveis. Economizamos e compramos um fogão, e uma vez por mês comprávamos linguiça para um jantar especial. Ah, como éramos felizes naquele dia!

As coisas foram melhorando, prestei vestibular e passei no curso que tanto sonhava. Comecei minha faculdade, trabalhando de dia e estudando à noite. Aí chegou o dia que não consegui mais pagar a faculdade e nem consegui o crédito educativo — estava no 4º ano. Tomei a decisão mais difícil naquela época e parei de estudar. Sempre olhei de onde vim e o caminho que já tinha percorrido. Nessa época, eu trabalhava em uma construtora, me sentia realizada cuidando de obras, até que um dia fui despedida. Quando se é funcionária, não somos donos de nós, somos números para a empresa.

Foi na faculdade onde conheci meu marido, que também fazia engenharia. Nos casamos quando ele terminou a faculdade. Quando já estávamos juntos há mais de seis anos e com um ano de casados, decidimos ter filhos. Mas, apenas quatro anos depois descobrimos que não poderíamos ter filhos biológicos, então optamos por ter filhos do coração e adotamos nossos tão amados gêmeos, que vieram para dar todo o sentido à nossa vida, trazer de volta o desejo de ser melhor a cada dia.

Nestes anos, empreendemos montando uma loja de materiais de construção, na qual trabalhamos muito. Nossos filhos chegaram quando estávamos falindo, tudo estava muito difícil. Às vezes faltava dinheiro para comprar um remédio; os amigos foram embora, poucos ficaram. Nos planos de governo, muitas empresas quebraram e nós também. Nossos filhos trouxeram o desejo de buscar novos caminhos, de construir uma estrutura financeira para que eles pudessem não passar pelos mesmos desafios que eu passei.

Foi neste momento que meu marido foi trabalhar no Rio de Janeiro, e lá fomos nós. Aprendi a costurar e bordar, fazia enxoval de bebê e roupas de criança para ajudar nas despesas, e assim poder cuidar dos nossos filhos — uma coisa que eu não abria mão era ser mãe. No Rio, fui apresentada ao marketing multinível, mas achei bom demais para ser verdade.

Em 2000, meu marido foi transferido para Uberlândia/MG, e lá fomos nós novamente, família unida sempre. Foi lá que meus meninos foram diagnosticados com déficit de atenção e hiperatividade. Eu vivia atrás de médicos, terapeutas, e tudo que ganhava mal dava para o aluguel, remédios, terapias e escola deles. Eu estava passando por uma crise de depressão muito forte, só chorava, mas Deus coloca anjos em nossa vida. Minha vizinha me apresentou novamente a oportunidade do marketing multinível, que tinha visto no Rio de Janeiro e não tinha acreditado, mas desta vez acreditei. Foi então que uma chave virou dentro de mim. Entendi que com esta oportunidade eu poderia mudar a minha vida, realizar meus sonhos, ter um diploma que eu não tinha conseguido, ser uma grande empreendedora e principalmente cuidar de pessoas e mudar suas vidas.

Comecei a estudar tudo sobre a empresa, buscar todos os treinamentos que eu poderia participar e, em 21 anos, foram mais de vinte eventos corporativos, mais de 250 treinamentos em grupo e uma infinidade de treinamentos on-line com o mais alto nível de treinadores que nunca imaginei ter acesso. Com isso, venho crescendo na companhia; posso ajudar outras pessoas a realizarem seus sonhos, pessoas que muitas vezes nem sonhavam mais — como eu —, pessoas que voltaram a estudar, que aprenderam a ler, a lutar pelos seus sonhos, mulheres que, assim como eu, estão podendo educar seus filhos sem ter de deixar em uma creche ou aos cuidados de outras pessoas.

Foi graças a essa a oportunidade que aprendi a administração financeira, a ter uma mentalidade de prosperidade e acreditar que eu mereço ter uma vida de abundância e prosperidade. Sempre paguei o preço do aprendizado, sempre entendi que é através de boas sementes que os frutos vêm. Não adianta sonhar com dias melhores se nada fizer, nunca esses dias vão chegar. Entendi que devo fazer a minha parte, estudando, aprendendo, cuidando da minha mentalidade, da minha fé, e confiar que tudo chega a nós conforme nosso merecimento, tudo no tempo de Deus.

Hoje sou uma mulher realizada, não reclamo de nada, pois cada dificuldade que passei foi aprendizado, serviu de degrau para a pessoa que sou hoje. Tenho certeza de que Deus está sempre preparando coisas maravilhosas para minha vida e da minha família. A cada dia entendo que a minha missão é cuidar de pessoas, ser exemplo de superação, de dedicação e que, com amor, com fé, com determinação, com esforço, com paciência, podemos realizar todos os nossos sonhos. Eu creio nisso com toda a força do meu coração.

Quando trabalhamos em nós, tudo muda; se não está mudando, é porque temos que melhorar. Quando trouxe a responsabilidade da minha vida para mim, sem deixar meus sonhos e minha prosperidade na responsabilidade de outro, tudo começou a mudar. Sei que isso é um processo e que a cada dia vou me tornando mais forte. Não importa qual é o desafio a enfrentar, se tenho Deus dentro de mim, se a missão é para o bem e está clara em minha mente, vai dar certo. Não tenho mais medo de enfrentar meus desafios, e a prova disso é fazer parte desse livro. Nunca me vi escrevendo um livro e aqui estou. Quando recebi o convite para fazer parte desse projeto, confesso que fiquei em pânico, mas achei a proposta do livro tão maravilhosa que resolvi enfrentar mais esse desafio e quem sabe inspirar alguém a não desistir dos seus sonhos.

E nada é por acaso mesmo, às vezes Deus coloca coisas na nossa vida que na hora não entendemos, mas revivendo todas as minhas histórias, percebi o quanto estar aqui escrevendo está me fazendo bem, está curando feridas e libertando meu ser.

Em resumo: seja uma pessoa melhor a cada dia; trabalhe muito em você; procure estar sempre próximo de pessoas que lhe inspirem; seja bom exemplo em alguma área da sua vida; tenha um trabalho que lhe dê prazer em acordar todos os dias; esteja sempre aberto a conhecer algo novo, algo que lhe desafie. Não tenha medo; se chegou a você, é porque você consegue. Ame sua família acima de tudo e de todos; guarde em seu coração todas as pessoas que acrescentaram algo de bom em sua vida, mesmo que hoje elas não estejam mais presentes, a missão delas era apenas despertar você para algo maior; tudo que foi desafiador ficou no passado, mesmo que isso tenha sido ontem, já é passado. Acredite nos seus sonhos; acredite no trabalho que edifica; tenha amor e respeito pela empresa que representa e pelos seus parceiros de negócio; desenvolva a sua fé verdadeira e você vai conquistar tudo o que deseja. O sonho é seu, o trabalho é seu, o desejo é seu, e os benefícios de tudo isso compartilhe com todos que você ama, fica tudo mais prazeroso. Seja a mudança que deseja para o mundo. Não importa de onde você veio, o que importa é para onde você deseja ir. Qual é o tamanho dos seus sonhos? Eles são seus e podem inspirar muitas pessoas a também sonhar. Passado e desafios ficam no passado, pense nisso.

"Quando trabalhamos em nós, tudo muda; se não está mudando, é porque temos que melhorar."

Cleusa Paço

Daniela Marmentini

Sou Daniela Ianoski Marmentini, nasci em Itatiba do Sul/ /RS e resido em Passo Fundo/RS com minha família: meu esposo Márcio Marmentini e meu filho Diogo.

Sou treinadora, mentora, palestrante, *master coach* de emagrecimento consciente pelo Health Coaching International Institute. Com meu esposo, criei o MTTIS (Método de Transformação Total Inteligente e Sustentável), no qual já orientei centenas de mentoreados no Brasil e no exterior.

Minha missão é acabar definitivamente com o sofrimento das pessoas que lutam contra o excesso de peso, proporcionar mudanças confortáveis e sustentáveis, personalizadas para cada indivíduo.

Sou apaixonada por adquirir e compartilhar conhecimentos e dedico-me a transformar a vida das pessoas em todas as áreas.

daniemarciooficial

+ 55 (54) 99994-1646

5 SUPERANDO LIMITES: A CORAGEM DE REDEFINIR O FUTURO

Por Daniela Marmentini

Nasci numa pequena comunidade, no interior do estado do Rio Grande do Sul. Aos 3 anos, nos mudamos para a cidade de Itatiba do Sul, onde meus pais começavam a empreender. Cresci observando e aprendendo com o exemplo de meus pais, que sempre me incentivaram a ser independente. Eu ajudava minha mãe no salão de beleza e meu pai no mercado. Aprendi com minha mãe a não gastar dinheiro com coisas fúteis. Sempre que eu queria comprar alguma coisa, ela me fazia pensar se era importante. Lembro-me de comprar um ventilador com os trocados recebidos por cuidar da filha da vizinha quando eu tinha apenas 9 anos. Aos 15 anos, comprei o primeiro computador com meu dinheiro.

Não satisfeita com a vida que eu tinha, ao concluir o Ensino Médio me aventurei a sair de casa para viver a frustrante experiência de trabalhar como empregada de carteira assinada, como atendente de loja numa cidade maior, onde minha rotina mudou completamente. Em menos de sete meses voltei para casa para trabalhar com meus pais e aprendi a valorizar a oportunidade que me deram.

Nessa época, já com a data de casamento marcada, meu namorado se mudou para minha cidade para trabalhar na rádio. Antes mesmo de nos casarmos, engravidei. Eu tinha 20 anos e fui tomada por medo e desespero. Não me sentia preparada para tudo o que estava por vir e, com isso, veio a ansiedade, acompanhada de maus hábitos. Tive uma gravidez bem difícil, passava mal todos os dias e acabei ganhando muito peso.

Depois que o Diogo nasceu, nos mudamos para nossa casa. O dinheiro que ganhávamos mal dava para pagar a prestação e as despesas. Vivíamos apertados e, para piorar, nenhuma roupa me servia devido ao aumento de peso; estava desanimada. Quando o Diogo chorava, eu chorava junto. Não gostava de sair de casa, tinha vergonha do meu corpo e, a cada tentativa de emagrecer, vinha mais uma frustração. Entrei em desespero, desenvolvi um quadro depressivo e precisei de ajuda profissional.

Diante disso, meu esposo começou a buscar oportunidades para aumentar a renda, pois não tínhamos perspectiva de crescimento em nossos trabalhos. Começamos a animar celebrações religiosas e representar uma agência de crédito consignado. Nossa vida virou um caos. Quando meu esposo acordava às 5h da manhã, eu ainda estava dormindo. Quando eu saía para trabalhar, ele estava voltando. Eu almoçava sozinha e, à noite, ele dava aula de música em casa. Enfim, não tínhamos tempo juntos. Eu estava completamente insatisfeita e o sonho de uma família unida estava desaparecendo aos poucos.

Quando temos um propósito e Deus em nossas vidas, tudo pode mudar. Conhecemos a oportunidade de empreender na área do bem-estar através dos meus tios Alderi e Rosilei, aos quais sou grata. Com a oportunidade de aumentar a nossa renda e emagrecer, fiquei animada para fazer algo diferente.

Meu resultado físico logo foi notado por pessoas que queriam saber o que eu estava fazendo e se eu poderia ajudá-las também. Essa experiência mudou a minha vida e a forma como eu me sentia. Foi aí que eu entendi o que eu queria fazer para o resto da minha vida: ajudar as pessoas a transformarem o corpo para que não passassem pelo mesmo sofrimento que eu. Comecei a jornada em busca de conhecimento e preparação para exercer a nova atividade, participei de treinamentos e me encantei com a ideia de ter meu próprio negócio. Usei a lista do "não aguento mais", estabeleci metas e sonhos, o que foi um grande motivador para dedicar as noites na nova atividade. Com isso, logo conquistei meus primeiros clientes e minha renda extra já era equivalente à nossa renda familiar.

"Somos pagos pelo valor que levamos ao mercado; para trazer valor ao mercado leva tempo, mas nós somos pagos pelo valor e não pelo tempo". Jim Rohn me ensinou que eu gastava muito tempo com atividades que não agregavam valor. Apliquei a técnica do balanço, fiz análise dos pontos e, junto com meu esposo e mentores, decidimos deixar nossos empregos para nos dedicarmos exclusivamente à nova atividade. A possibilidade de ter liberdade geográfica e de tempo, desenvolvimento pessoal, trabalhar em casa, ajudar pessoas, viajar, crescer de acordo com a minha dedicação e principalmente ser dona do meu próprio negócio, foram a base para a decisão.

Decidimos nos mudar para Passo Fundo, pois acreditávamos que teríamos mais oportunidades de crescer. Meu esposo foi primeiro e eu fiquei com nosso filho. Durante esse período, meu pai me liberou do mercado para ajudar na transição, um gesto pelo qual sou muito grata. Após trinta dias, mudei-me definitivamente, mas o Diogo ficou com meus pais por falta de escola e estrutura. Começamos do zero, com poucas roupas na mala, dormindo em um colchão no chão. Foi um período de muitos sacrifícios, sem conhecer ninguém, saímos completamente da zona de conforto. Quando eu via uma criança pequena, eu chorava de saudades do meu filho, mas encontrava forças e coragem para continuar. Depois de seis meses, encontramos uma escola para o Diogo e trouxemos nossa mudança, marcando o início de uma nova fase em nossas vidas.

Enfrentamos momentos de desespero e insegurança. Em um desses momentos, expressamos nossas preocupações ao Alderi, nosso mentor. Eu esperava que ele se compadecesse com a situação, mas, ao invés disso, ele foi sábio: ofereceu-se para pagar nossa mudança de volta e sugeriu que retomássemos nossos antigos empregos e ficássemos perto dos meus pais novamente. E se alguém perguntasse por que desistimos, poderíamos dizer que para nós não deu certo. Eu fiquei indignada, imaginando como seria se voltássemos, o que eu seria, o que falariam, e lembrei do porquê eu tinha saído de lá. Suas palavras nos motivaram a continuar e a mostrar para ele que nós também podíamos.

Foi difícil com minha mente de empregada. Tinha dificuldades de me comunicar, sentia vergonha e medo, era bloqueada. Preferia atender junto com o Márcio. Muitas vezes, ele atendia os clientes e eu me escondia, porque não conseguia falar. Precisei de tempo, treinamentos e, principalmente, do apoio e compreensão do meu esposo para superar.

Com a orientação da Rosilei, aprendi a trabalhar com agenda. Aos poucos, aprendi a pensar e agir, e melhorei muito a minha comunicação. Acreditei que se outras pessoas conseguiam, eu também poderia. Mais uma vez, substituí meus medos por sonhos, e isso fez toda a diferença na minha rotina de trabalho. Precisei me aproximar de pessoas que me ajudavam a crescer e me afastar de outras para desenvolver uma mentalidade forte e resiliente que foi essencial para moldar minha atitude de empreendedora. Trabalhar em casal possibilitou ter mais tempo juntos e curtir nosso filho, nosso sonho de casados. Muitas pessoas perguntam como conseguimos trabalhar em casal. A resposta está no respeito mútuo, no desenvolvimento pessoal e na aplicação de técnicas que nos ajudam a aproveitar o que cada um tem de melhor. Aprendemos a somar e isso traz uma magia especial em nosso trabalho.

Com o passar do tempo, fiquei incomodada com o efeito sanfona que alguns clientes experimentavam. Eles emagreciam, mas depois voltavam a engordar. Eu mesma conseguia manter o peso com muito esforço e dedicação. Decidi estudar mais, entender as causas e, com anos de experiência neste mercado, criamos o MTTIS (Método de Transformação Total Inteligente e Sustentável). Com o MTTIS, construímos um novo caminho que possibilita o gerenciamento e a manutenção do novo peso. O foco do método é resolver os problemas do sobrepeso e da obesidade nas raízes, oferecendo um passo a passo personalizado e individualizado para cada pessoa. Com o método, eu lotei a agenda e, devido à demanda, decidimos expandir e treinar pessoas interessadas em empreender na área, para nos ajudar na missão de transformar vidas.

Quando você muda o seu corpo, é capaz de mudar qualquer coisa na sua vida. Hoje, sou uma mulher realizada com o que faço. Amo cuidar das pessoas e ver suas vidas transformadas. Sou reconhecida e me sinto merecedora. Os resultados vão além do controle de peso; eles se manifestam principalmente na mudança de mentalidade. Estou engajada na missão que acredito e tudo o que passei me deu experiência e empoderamento para fazer a diferença na vida das pessoas! É gratificante trabalhar a partir de minha casa, em um ambiente positivo, ao lado de pessoas que amo. Sempre sonhei em ter essa liberdade de tempo e geográfica. Adoro viajar e colecionar experiências. E essa oportunidade me proporciona isso. Entre tantas, as que mais me marcaram foram sobrevoar as Cataratas do Iguaçu de helicóptero, nadar com golfinhos no México, navios cruzeiros, férias em *resorts*, passear de limusine e participar de jantares de gala. Enquanto trabalho com o que amo, estou realizando meus sonhos e me sinto privilegiada por poder ajudar pessoas ao redor do mundo a transformarem suas vidas.

Agradeço à Rosilei pelo convite de participar deste livro. Sou grata a ela e ao Alderi pela paciência, persistência, por toda a ajuda e oportunidade, que mudou a vida da minha família. Ao meu esposo por me apoiar e acreditar no meu potencial; ao meu filho; aos meus pais; e assim estendo a toda a minha família, amigos, demais pessoas que contribuíram de alguma forma na minha jornada de transformação; e a você, leitor. Gratidão!

Suas escolhas e decisões podem transformar sua vida. Acredite e invista em você. Nunca é cedo ou tarde demais para mudar. Se você não está satisfeita com o que é, com o que faz ou com o que tem, é hora de mudar. Tenha coragem de dar o primeiro passo, assuma a responsabilidade, a direção e seja a mulher da sua vida.

Hoje, realizando mais um sonho, desejo que a minha história de transformação inspire você a ser, fazer e ter tudo o que quiser na sua vida, conte comigo nessa jornada.

Referência bibliográfica

ROHN, J. *As sete estratégias para a prosperidade e a felicidade*. Flórida: Jim Rohn Latim America, 1995.

"A verdadeira transformação começa quando você decide que sua vida vale o esforço necessário para mudar."

Daniela Marmentini

Eliane Melati Wilk

Sou Eliane Melati Wilk, 46 anos, nasci em Jacutinga/RS e resido em Passo de Torres/SC. Casada há 28 anos com Paulo Wilk, mãe da Bruna, 20, que é casada com Iago, 26, e mãe do Victor, 8. Amo estar com minha família, meu maior tesouro.

Sou empreendedora há 26 anos numa empresa líder global, que atua na área da nutrição/bem-estar e marketing multinível. Atuo como coach e palestrante. Sou grata por todos os cursos e treinamentos que fiz no Brasil e exterior.

Estudo psicanálise e sou apaixonada por leitura e autoconhecimento.

Minha missão é ajudar as pessoas a encontrarem sua autocura, melhorarem sua saúde física e mental e atingirem o seu equilíbrio e potencial máximo. Nossas decisões definem nosso destino.

elianemelatiwilk

+ 55 (55) 99631-7712

6 ACREDITE NO SEU POTENCIAL, SONHE E AJA!

Por Eliane Melati Wilk

Quando nos alinhamos e estamos sincronizamos com o que fazemos, surgem as oportunidades. Em setembro de 2023, iniciei o projeto de *lives* Momento Literário, apresentando conteúdos de livros e autores, e assim surgiu a oportunidade de estar, com muita alegria e gratidão, compartilhando com você, leitor(a), um pouco da minha singela história e experiência de vida como esposa, mãe e empreendedora. Escrever um livro era um sonho desde minha adolescência, sempre gostei de escrever redações e adorava ler livros de história.

Sou uma filha amada de Deus e nEle encontro forças e amparo. Sou grata a Deus pelos meus pais Geni e Ivo Melati, pelo seu amor, cuidado e ensinamentos de vida. Grata ao meu amado esposo Paulo Wilk; estamos juntos há 32 anos entre namoro e casamento. Meu grande parceiro de vida e trabalho, que me apoia e incentiva, exemplo de pai e empreendedor. Gratidão aos meus filhos Bruna e Victor, meu maior tesouro. Gratidão a toda nossa equipe e clientes que confiam em nosso trabalho e produtos.

Nasci e residi até os 18 anos no interior de Jacutinga/RS, que hoje é Ponte Preta/RS (emancipado). Trabalhava na agricultura e com serviços domésticos desde meus 10 anos, ajudando meus pais em sua pequena propriedade rural. Ali os trabalhos eram braçais e pesados. Desde cedo aprendi sobre resiliência e fé, pois, na agricultura, para colher primeiro precisa plantar, apesar dos riscos climáticos e outros desafios. Mesmo trabalhando pesado na lida do campo, sempre era alegre, sonhadora e acreditava num futuro melhor. Sonhava em viajar, ser cantora, ser jornalista. Imaginava estar nos lugares que via nos livros e revistas.

Estudei até a 5ª série e interrompi os estudos para ajudar nos trabalhos da casa e roça. Nessa época, minha querida irmã Graziane tinha 2 anos, e nossa mãe estava com depressão. Morávamos com os avós paternos, que brigavam muito. Meu avô tinha problemas com alcoolismo e havia falta de afeto entre o casal. Desde meus 5 anos presenciava cenas de agressões verbais e físicas entre eles e sentia medo. Já a referência de casal dos meus pais era positiva, de parceria e respeito. Adorava visitar meus avós maternos que moravam em outra cidade. Íamos a pé ou a cavalo porque meu pai não tinha carro. Gostava de ir lá na época da colheita de uva, tomava suco de uva e jogava cartas com meu avô. Mas, meu desejo era arrumar um trabalho e sair da agricultura, estudar e sair desta frequência de brigas e escassez.

Aos 13 anos, conheci meu esposo, hoje pai dos meus dois filhos. Começamos a namorar mesmo contrariando alguns familiares. Ele me incentivou a voltar a estudar; logo em seguida, ficamos noivos. Ganhei dele um violão, pois sempre gostei de música; alguns anos depois, aprendi a tocar. Aos 14 anos, voltei a estudar. Duas semanas antes de começar as aulas, fiquei doente, com febre, fraqueza e dor na garganta da caxumba. Não desanimei, retomei com semanas de atraso e tive mais uma decepção: meu pai havia me matriculado para repetir a 5ª série, pois ele acreditava que eu seria incapaz de ir para a 6ª série depois de quatro anos sem estudar. Senti-me rotulada como insuficiente e inepta. Consegui mudar a matrícula e fiz a 6ª série, tirando as melhores notas da turma e sendo destaque na escola.

Casei-me aos 18 anos. Duas semanas antes, fiquei com catapora, febre e rosto inchado com feridas, porém, mais uma vez Deus me abençoou, sarei e pude ser maquiada para o casamento. Fomos morar em Campinas do Sul/RS, cidade de cinco mil habitantes e com poucas oportunidades. Eu tinha apenas a 8ª série, tentei vender panelas e outros produtos, sem sucesso. Estava com baixa autoestima, me sentia incapaz, insegura. Éramos recém-casados, com muitos sonhos e a expectativa de como realizá-los. Finalizei o Ensino Médio e o técnico em Contabilidade. Sempre fomos parceiros nos trabalhos na área sindical e cooperativa. Eu criava boletins e programas de rádio, mas ganhava muito pouco. Tentamos um negócio na área bovino leiteira e quebramos. Meu esposo concorreu a vereador, não foi eleito e somatizaram-se as dívidas. Ele estava acima do peso e com a saúde comprometida.

Em 1997, através do casal Rosilei e Alderi Ianoski, a qual somos muito gratos, conhecemos uma empresa de MMN, líder na área de nutrição, oportunidade que mudou o rumo da nossa vida. Paulo emagreceu e ambos melhoramos nossa autoestima e bem-estar. A partir daí, começamos a trabalhar na formação de clientes e equipe em tempo parcial e viajávamos todo mês 400 km para participar de treinamentos.

Estávamos indo muito bem, porém, em 2000, saímos do foco do nosso negócio para meu esposo concorrer a prefeito. Ele não foi eleito e chegamos no auge e declínio financeiro, emocional e espiritual, quase nos separamos, mas Deus proveu meios para nos conectarmos a Ele, restaurar nossa fé e reconstruir nossa vida conjugal e negócio. Decidimos fazer uma transição e dedicar tempo integral ao MMN. Em 2002, mudamos para Santa Maria/RS, 450 km longe da família e amigos. Precisamos queimar nossa ponte, fazer dar certo. Fomos com dívidas e cobradores nos ligando, que tiravam nossa paz e abalavam as emoções, mas nosso desejo de vencer era maior e trabalhamos com empenho e foco.

Um ano depois engravidei e, sem condições de fazer um pré-natal descente, madrugava nas filas dos postos de saúde para atendimento gratuito. Mesmo grávida, segui trabalhando forte, motivada a mudar essa realidade. Bruna trouxe luz na minha vida, hoje ela é fotógrafa e uma excelente filha.

Quero dar um importante destaque para o alinhamento espiritual que contribuiu para o crescimento em todas as áreas da nossa vida. Sirvo na igreja há vinte anos, onde aprendo, me fortaleço e sirvo ao meu próximo. Transformar a situação de dívidas por construção de patrimônio, trabalhar no desenvolvimento pessoal foi o que fez a grande diferença. Trocar a mentalidade de escassez por uma mentalidade de prosperidade e saber gerenciar as finanças. Transformar uma mentalidade de dona de casa para uma de empreendedora; isso aprendi e apliquei através dos vários cursos e treinamentos com líderes de sucesso da empresa no Brasil e exterior, entre eles, o filósofo Jim Rohn. Fiz cursos de inteligência emocional, relações interpessoais, gestão de negócios e finanças, saúde mental, física e espiritual em vários institutos e com mentores renomados.

Nosso negócio cresceu e também nossos ganhos e patrimônio. Construímos um grupo de clientes e consultores independentes, em que os resultados oriundos são mérito do nosso esforço. O sonho de viajar se realizou, pude conhecer vários estados do Brasil e vários países, como Estados Unidos (Los Angeles, Nova Iorque, Havaí, Miami e Orlando), Belize, Chile, Aruba e México, em treinamentos e férias incríveis em família.

Tive meu segundo filho; doze anos depois venci o trauma e medo de mais um parto difícil. Victor é uma criança amável e inteligente. Nessa época, tive um pré-natal digno, com excelentes condições financeiras, negócio bem estruturado, dois carros e apartamento pagos. O desejo de ter mais um filho se realizou, tudo parecia estar sob controle, exceto minha inesperada depressão pós-parto. Sentia fraqueza, impotência, desânimo e culpa por me sentir assim, ao invés de estar feliz pelo lindo bebê que nascera. Aprendi nessa fase que precisava olhar mais para mim, buscar autoconhecimento sobre minhas dores. Tive apoio da família, busquei ajuda profissional e mentalizei minha cura, que foi em menos de um ano. A lição que tiro é de ser mais gentil comigo mesma e entender melhor a dor do próximo com empatia. Busquei cuidar cada vez mais da gestão das emoções, aliada a uma alimentação saudável, suplementos, atividade física e conexão com Deus e, assim, minha autoestima cresceu.

Em 2019, mais um sonho realizado: o de morar no litoral, em Torres/RS, uma das praias mais lindas do sul do Brasil, com um ótimo clima e qualidade de vida. Com a chegada da pandemia, aumentou ainda mais minha busca por inteligência emocional. Cuidar mais da saúde e das emoções foi imprescindível, nos reinventamos e pudemos contar com o suporte da empresa.

Conciliar a maternidade, matrimônio, cuidar da casa e empreender é algo que nós, mulheres, fazemos com maestria, principalmente quando somos alicerçadas em Deus e temos um propósito claro. Aprendi a desenvolver a paciência e perseverar para alcançar os objetivos. Sou *coach* do bem-estar, palestrante e estou estudando psicanálise. Amo ler e tenho paixão pelo autoconhecimento, ele pode curar nosso interior ferido refletindo em nosso exterior. Um dos meus livros preferidos é a Bíblia, em que podemos ler na presença do autor.

Nossa inteligência emocional é mais importante do que a intelectual. Somos um ser integrado que precisa buscar o equilíbrio entre corpo, mente e espírito. Nestes meus 46 anos de vida e 26 anos de empreendedorismo, aprendi que não há perdas, há aprendizado. Não é sobre o que nos acontece, e sim sobre nosso aprendizado e nossa atitude em relação ao que nos acontece. Os desafios e desertos da vida servem para nos lapidar, focar a solução, e não o problema. Buscar nossa autossuficiência é o que Deus espera de nós, Ele deseja que sejamos prósperos e íntegros.

Tinha o desejo de cursar uma faculdade de Jornalismo para atuar na área da comunicação e, ao empreender, pude ser uma comunicadora, levando a conscientização sobre saúde, bem-estar e prosperidade, através de palestras, *lives*, *podcast* e falando com as pessoas. Pude administrar e organizar meu tempo de qualidade para acompanhar o crescimento e desenvolvimento dos meus filhos, ser uma mãe presente.

Meu dia sempre começa com oração de agradecimento a Deus e escrevendo de três a cinco coisas que sou grata. Enquanto uso minha suplementação, faço minha leitura diária e sinto que estou pronta para um dia de trabalho alegre e produtivo, sinto mais força para vencer os desafios.

Gratidão à idealizadora deste livro, Rosilei Bortoli, pela oportunidade emocionante de escrever e abrir meu coração. Espero ter inspirado e motivado você a acreditar no seu potencial divino, sonhar e realizar! Se eu consegui, você também consegue. Conte comigo!

“Não há perdas, há aprendizado! Não é sobre o que nos acontece e sim sobre nosso aprendizado e nossa atitude em relação ao que nos acontece.”

Eliane Melati Wilk

Geni Franceschetto

Quando criança, meu maior sonho era ter um Fusca azul e pintar as unhas de vermelho, pois, para mim, isso significava sucesso e prosperidade. Minha referência era a prima Dirce, professora de Educação Física na UPF, que vinha visitar minha nona com seu Fusca e com suas unhas pintadas.

Aos 13 anos, após dois anos sem estudar, outra prima, Dircema Krug, também professora, engravidou e, sabendo do meu desejo de voltar à escola, propôs aos meus pais me assumir como filha mais velha, oferecendo estudo e sustento em troca de cuidar de sua casa e bebê. Essa oportunidade moldou minha personalidade e decisões. Hoje, moro em Chapecó/ /SC, com meu parceiro, Valmor Santos. Administro um negócio multifacetado, atuando na área de Educação Física, massoterapia e bem-estar, apoiando pessoas a alcançarem seus objetivos.

genifranceschetto

+55 (49) 99107-2127

+55 (49) 99933-3341

Mulheres de impacto

7 VIVA A VIDA DOS SONHOS SEM TER TODAS AS RESPOSTAS

Por Geni Franceschetto

Eu, Geni Franceschetto, nasci na Linha 25, no interior de Marau, Rio Grande do Sul, em 12 de novembro de 1962. Fui a sétima de nove filhos de Hermínio Fermino e Angela Boscardin Franceschetto. Desde pequena, a vida me mostrou que eu seria diferente dos meus irmãos. Embora tivéssemos crescido no mesmo ambiente, minhas ambições sempre pareceram seguir uma trajetória diferente.

Aos 5 anos, comecei a frequentar a escola e descobri uma paixão pelo conhecimento que transcendia as limitações da vida na roça. Desde o início, a educação foi minha fonte de inspiração e a esperança de um futuro diferente. No entanto, a realidade era dura. A escola ficava longe, o transporte era inexistente, e o trabalho no campo era pesado. Cada dia era uma luta para manter viva a chama da educação em meu coração. Mesmo assim, com uma determinação incansável, eu caminhava longas distâncias para aprender, sonhando com o dia em que poderia fazer mais do que apenas viver da terra.

Aos 11 anos, tive que interromper meus estudos, pois nem todos os filhos tinham as mesmas oportunidades. Era um tempo em que as meninas, especialmente aquelas que viviam no campo, não eram incentivadas a buscar uma carreira ou educação avançada. Contudo, eu sonhava. Sonhava em ser professora e, durante dois anos, dei aulas a estudantes imaginários sob um galpão, escrevendo com carvão nos barrotes de madeira. Esse pequeno espaço tornou-se meu refúgio, um local onde meus sonhos floresciam em meio às dificuldades do cotidiano. Aquele galpão, que para outros poderia ser apenas um abrigo simples, era para mim uma sala de aula mágica, onde eu podia ser quem quisesse ser.

Aos 13 anos, meu sonho começou a tomar forma quando uma prima, que estava grávida, me convidou para morar na cidade e cuidar de seu primeiro filho. Para mim, essa era a oportunidade que eu tanto aguardava. Ao deixar a casa dos meus pais, meu pai tentou dissuadir minha mãe de permitir minha partida, temendo que eu pudesse trilhar caminhos questionáveis e trazer desonra à família. Ele acreditava que eu voltaria para casa fracassada, mas dentro de mim havia uma determinação que superava qualquer receio.

Fui viver com Dircema e Arno Krug, e logo me tornei mãe do coração de três crianças: Arno Junior, Felipe e Victória Krug. A convivência com essa família, onde tanto Arno quanto Dircema eram professores, reacendeu meu desejo de ser professora e me permitiu retomar os estudos. Embora eu enfrentasse dificuldades e inseguranças, nunca perdi de vista meu objetivo. Esses anos ao lado dessa família foram fundamentais para moldar minha visão de mundo, meu caráter e minhas aspirações. Eles me mostraram que, com esforço e dedicação, qualquer sonho pode se tornar realidade, não importa de onde você venha.

Mudamos para Santa Maria, Rio Grande do Sul, e lá tive a chance de explorar mais a área de Educação Física, algo que inicialmente era novo e desafiador para mim. No entanto, a vida na cidade não era fácil. As responsabilidades eram muitas, e a adaptação foi difícil. Em meio a esses desafios, consegui completar o segundo grau e, posteriormente, voltei para Cruz Alta onde, finalmente, conquistei minha formação acadêmica. Cada passo nessa jornada foi marcado por lutas e superações, mas eu sabia que o desejo, aliado ao sonho e às oportunidades, representava realização. Aos 22 anos, finalmente me formei e fui contratada para trabalhar em uma escola em Chapecó, Santa Catarina, cidade que me acolhe há quarenta anos.

Deixei Cruz Alta com uma mala de roupas, livros, um cobertor, um travesseiro e um jogo de lençóis. Com muita vontade e desejo de fazer acontecer, meus sonhos pulsavam dentro de mim e, mesmo com medo e dificuldades, as situações adversas nunca me fizeram parar. Em Chapecó, passei vinte dias em um dormitório e depois fui para uma pensão. O dinheiro para as despesas diárias acabou rapidamente, pois o contrato que assinei, que previa pagamento a cada 30 dias, acabou sendo quitado somente após 120 dias. Tive que pedir ajuda financeira ao meu pai biológico.

Esse pedido foi um teste ao meu orgulho, pois refleti muito sobre se ele estaria disposto a me apoiar nessa situação. Para minha surpresa, ele fez o depósito no mesmo dia em que pedi. Quando fui devolver o valor, ele disse que não era necessário, mas insisti, sabendo de suas necessidades. Essa experiência me fez perceber que, ao longo da vida, deixei de aproveitar muitas oportunidades e ajudas que me foram oferecidas, por orgulho. Nos últimos momentos de sua vida, aos 92 anos e meio, antes de partir, meu pai me escolheu para estar ao seu lado, encerrando este ciclo de vida. Minha mãe, por outro lado, sempre esteve feliz, sabendo que eu seguia suas orientações com devoção.

Apesar das dificuldades financeiras, o tempo passou e consegui emprego em uma academia. Com o tempo, percebi que também poderia ter minha própria academia e, mesmo enfrentando dificuldades financeiras, segui em frente com meu sonho. Montei a academia, embora precisasse dividir moradia com outras colegas por algum tempo. Esse sacrifício não me impediu de continuar trabalhando duro, mantendo meu caráter e disposição para novas oportunidades.

Foi na comemoração dos meus 30 anos que decidi que seria mãe aos 33, com ou sem marido. Sonhei, acreditei e, mais uma vez, Deus abençoou minha decisão. Apesar de a escolha do parceiro não ter sido a melhor, tive o Erick aos 33 anos de idade.

Pouco tempo depois, acabei me separando e ficamos sozinhos. As decisões que tomei para tentar manter o relacionamento acabaram afastando meus clientes, e meu filho adoeceu. Estávamos recomeçando mais uma vez, mas agora eu não estava mais sozinha. A experiência de criar um filho sozinha trouxe desafios imensos, mas também reforçou minha fé e determinação em proporcionar a ele o melhor futuro possível.

Com fé, amor e confiança, alinhei minha vida espiritual e mentalidade, enquanto ajustava minha carga horária, pois todo o salário que recebia era destinado aos cuidados de saúde do Erick. A formação acadêmica e as experiências passadas me deram a base, mas faltava entendimento e sabedoria para tomar decisões mais assertivas, que me guiassem para uma vida de mais tranquilidade e estabilidade. No entanto, cada degrau foi necessário para que eu me tornasse a pessoa que sou hoje. Reconhecendo isso, fui capaz de perdoar e me tornar uma pessoa melhor, construindo uma boa vida. Quando você acredita e faz sua parte, o universo inteiro, junto com Deus, conspira para que isso se torne realidade. Foi nessa fase da vida que aprendi o verdadeiro significado de resiliência e como a fé pode ser um poderoso catalisador de mudanças positivas.

Aos 42 anos, fui apresentada a uma empresa de marketing multinível. Nessa época, eu já trabalhava 40 horas como diretora de escola. Nas horas de folga, atendia na massoterapia e, ao longo dos anos, fui agregando aos meus clientes os produtos da empresa. Pouco a pouco, fomos transformando vidas e comunidades. Percebi que este era um caminho não só para o meu crescimento financeiro, mas, também, para impactar positivamente a vida de muitas pessoas. O marketing multinível me proporcionou uma nova perspectiva sobre o que significa sucesso, ensinando-me que ele é medido não apenas pelo que conquistamos para nós mesmos, mas também pelo que podemos proporcionar aos outros.

Meu filho, com apenas 8 anos, já me ajudava a acompanhar os clientes pelas mensagens no Orkut e MSN. Voltamos a viajar, continuamos nos aperfeiçoando na escola, na empresa e na família. Os sonhos continuavam a nascer, e o desejo de estar com um companheiro leal finalmente se concretizou. Ensinei ao meu filho, desde cedo, a importância da responsabilidade e da união familiar, e ele cresceu vendo o valor do trabalho árduo e da perseverança.

Depois dos 50 anos, me estabeleci com Valmor Natal Cordeiro dos Santos, o homem escolhido por Deus para subir cada degrau da minha vida ao meu lado. Um relacionamento sólido e baseado em valores comuns. Unidos pelo propósito de transformar vidas, enfrentamos diversas situações juntos, sempre focados em nossos objetivos e firmes em nossa fé. Nosso relacionamento é uma parceria em todos os sentidos e, juntos, temos a missão de continuar inspirando e apoiando outras pessoas em suas jornadas pessoais e profissionais.

Depois de quatorze anos atuando diretamente com o público, decidimos atender a partir da sala da nossa casa. Aqui, realizamos todas as atividades no nosso tempo, priorizando o bem-estar e o tempo de qualidade que compartilhamos. Nosso propósito é apoiar as pessoas a serem melhores dentro de suas possibilidades no negócio de marketing multinível.

Essa oportunidade expandiu meu campo de visão sobre como gerenciar e dirigir meus negócios. Tive a chance de estar cara a cara com profissionais renomados na área de desenvolvimento pessoal, vida saudável e ativa. Em um treinamento recente com Eric Worre, percebi que estou trilhando o caminho certo para alcançar a próxima versão de mim mesma. Esses treinamentos me mostraram que o sucesso é uma jornada contínua de aprendizado e crescimento, e que sempre há novos patamares a serem alcançados, desde que estejamos dispostos a aprender e nos adaptar.

Ao compartilhar esta história, entendo que cada experiência e cada desafio moldaram a pessoa que sou hoje. Sigo firme em meus propósitos, acreditando que o melhor ainda está por vir. Cada fase da minha vida trouxe lições valiosas e fortaleceu minha fé em Deus, na vida e nas pessoas. Hoje, vivo em plenitude e com gratidão, certa de que tudo o que vivi foi necessário para que eu pudesse estar onde estou agora. Sinto-me abençoada por ter a oportunidade de influenciar positivamente a vida de outras pessoas, e estou ansiosa para continuar fazendo isso nos próximos anos.

“A melhor realidade que podemos viver vem dos sonhos mais absurdos que podemos sonhar!”

Geni Franceschetto

Jane Lamezon

Jane Lamezon, filha de Deus, casada com Ben-Hur e mãe da Rafaela. A missão a qual me dedico é conectar pessoas e criar soluções para a sociedade.

Com mais de dezoito anos de experiência em nutrição, sou apaixonada por alimentos funcionais que promovem saúde. Bacharel em Tradução e Interpretação da Língua Espanhola e *coach* de Emagrecimento Consciente pelo Instituto Health Coaching, atuo no ramo de saúde e nutrição, ofereço refeições *gourmet*, um preparo cuidadoso e requintado, com ingredientes selecionados e métodos detalhados que resultam em uma experiência gastronômica única e de alta qualidade.

Sou sócia da Adhonep, a maior rede de relacionamentos do mundo, e minha missão é gerar valor e bem-estar na vida das pessoas.

janeslamezon

JaneLamezon

8 O QUE TOMA SEUS PENSAMENTOS TOMA SEU CORAÇÃO

Por Jane Lamezon

Até meus 29 anos, minha vida era de altos e baixos, picos e vales. Mal sabia eu que, em meio a essa montanha-russa, uma mudança profunda estava prestes a acontecer. Mas antes de chegar a esse ponto, minha jornada começou em um pequeno sítio em Boa Vista da Aparecida, onde sonhos simples conviviam com lutas diárias.

Nascida numa família tradicional, morava em Boa Vista da Aparecida, a 90 km de Cascavel/PR, em um sítio. Com o pai gaúcho descendente de italianos agricultores de pequeno porte, morávamos nas terras de minha avó. Meu pai perdeu seu pai aos 18 anos e teve que assumir o papel de chefe da casa. Ele tinha dez irmãos mais novos.

Desde muito cedo, senti o peso da responsabilidade. Cada dia na lavoura ao lado do meu pai não era apenas trabalho; era uma batalha silenciosa contra as circunstâncias, em que o desejo de algo melhor pulsava dentro de mim.

Eu sempre fui sonhadora; um dos meus maiores sonhos era comprar uma chácara e levar meus pais para morar nela e, assim, dar um pedaço de terra para eles dizerem que era deles. Na situação que vivíamos, não enxergava uma oportunidade para isso, então comecei a fazer alguns planos de morar em uma cidade próxima com mais opções para eu crescer, ganhar dinheiro e realizar esse sonho.

Aos 10 anos, fui morar numa casa de parentes. Ajudava nos afazeres para assim morar e estudar. Aos 11 anos, tomei uma decisão ainda mais difícil: ir para um convento, onde poderia ter mais oportunidade, e meus pais tinham o sonho de ter uma filha freira. Assim aconteceu e estive em Curitiba no Sagrado Coração de Jesus até meus 17 anos. Gratidão a esse tempo de muito aprendizado, porém tive que decidir se continuava no serviço religioso como noviça ou voltava para casa.

Na vida tudo é questão de escolhas que trazem consequências boas ou ruins. Voltei para casa e outro plano já estava escrito: casar-me, trabalhar na cidade grande e realizar o sonho de comprar uma chácara para meus pais. Conheci um rapaz na cidade próxima do distrito que morava. Ele tinha um sonho de ter seu cantinho. Tinha uma certeza na minha mente: se não der certo, separo. Aqui faço uma pausa: o que toma meus pensamentos, toma meu coração. Levo isso hoje muito a sério, porque vivi na pele.

Aos 17 anos, estava me casando em uma festa para quatrocentas pessoas. Meu pai matou alguns animais e fizemos a festa no pavilhão da igreja da cidade. Realizava ali o sonho de meu pai de ter uma filha casando-se segundo suas tradições. Nessa idade eu me sentia muito forte, porque nem passava pela minha cabeça que eu precisava de Deus. Eu fazia planos, executava-os e assim seguia minha vida de altos e baixos, picos e vales.

Terminei os estudos do segundo grau e comecei a trabalhar em dois empregos. Seguia o meu plano de ganhar dinheiro e comprar uma chácara para meus pais, porém não estava feliz, algumas situações no casamento me levavam a planejar o que tinha tomado meus pensamentos antes de casar-me: "Se não der certo, separo".

Aos 22 anos, estava separada. Imagine como era o tratamento para uma mulher separada há trinta anos? Coisas como "mulher separada não presta" e muitos adjetivos. Eu estava vivendo um pesadelo, não preciso enumerar aqui as situações e os constrangimentos pelos quais passei.

Trabalhei para mais de dez empresas, e você vai me perguntar: "Como assim, com essa idade e tantas empresas?". Vou lhe explicar. O máximo de permanência foi um ano e seis meses em uma instituição bancária, era uma pessoa muito insatisfeita, nada estava bom, porém meu sonho estava cada dia mais vivo dentro de mim. Escrevia sobre ele, falava com pessoas, a clareza era gigante que ia conseguir comprar a chácara. Como? Não sabia, apenas uma certeza dentro de mim nunca se apagou.

Após quatro anos, conheci um rapaz empreendedor. Enxerguei nele a chance de trabalharmos juntos e realizar os sonhos que eu tinha. Tivemos um namoro de 1 ano e já fomos trabalhar juntos numa empresa de medicamentos. Por um tempo as coisas pareciam estar dando certo, mas tudo que começa errado não tem como terminar certo. Eu tinha algumas feridas que só estavam escondidas. Ele tinha suas feridas também. Após começarem as agressões com palavras, mais uma vez eu estava saindo de casa. Pela segunda vez, altos e baixos, picos e vale.

Acredito que aqui foi o fundo do poço. Depois de passar por dois relacionamentos frustrados, me sentia um fracasso, cheia de culpas e um tanto desanimada com a vida, achando que eu devia ter algum problema e, por isso, as coisas não davam certo. Uma insatisfação crescia desenfreada dentro de mim. Tive três empreendimentos que não deram certo. Sempre tinha algo que me incomodava, nada era o suficiente, além de uma briga eterna com a balança, gerando, assim, baixa autoestima.

Nas muitas mudanças de casa, conheci uma senhora que me contou sua história. Fiquei impactada, e ela disse que sabia quem poderia mudar a minha. Ela me convidou para ir a uma casa de fé; não tinha mais onde buscar uma saída, então aceitei com grande esperança. Num piscar de olhos eu lá estava aos prantos, sem saber ao certo o que estava acontecendo, mas de uma coisa me lembro como se fosse hoje: aquela senhora me disse tudo o que eu precisava para mudar minha vida e minha história. Está num livro escrito há mais de 2000 mil anos. Ela me deu para ler e não consegui dormir naquela noite.

Conheci Jesus em um momento de profunda desolação. Naquela noite de fevereiro de 2003, enquanto lia a Bíblia que me foi entregue por aquela senhora, algo dentro de mim mudou para sempre. Senti como se uma luz iluminasse cada canto escuro da minha alma e, pela primeira vez, senti-me verdadeiramente amada. Foi como se as escamas caíssem dos meus olhos e finalmente entendi o verdadeiro sentido da frase: "Conhecereis a verdade, e ela vos libertará" (Bíblia

Sagrada NVI, João 8:32). E a peça do quebra-cabeça que faltava era conhecer o autor da vida, Jesus Cristo.

Eu não tinha bom relacionamento com meu pai, sempre fiquei do lado de minha mãe tomando suas dores, e isso me custou muito. Logo no início de minha nova vida, tive o apoio da minha líder espiritual, Leni Daghetti, e sua família. Eles me acolheram e me estenderam a mão, e até hoje caminham comigo. Conheci a Adhonep, recebi ajuda de muitas pessoas estranhas que hoje são meus amigos, mas que me estenderam a mão e me ajudaram sem querer nada em troca, até porque eu não tinha.

Comecei uma sequência de consertos. Conserto com meu pai terreno, que me trouxe o conserto com Pai eterno, e aí tudo começou a encaixar. Fiz uma carta para Deus colocando meu desejo de ter uma família, um marido (com características e valores), uma oportunidade de trabalho que pudesse cumprir meu propósito. Deus respondeu: no dia 27 março de 2004, eu estava casada, com direito a festa, padrinhos e tudo, e Ele já havia preparado uma casa linda, uma viagem de lua de mel dos sonhos. Minha vida profissional não ia bem, estava atuando no ramo de eventos com duas empresas. Em março de 2005, tive uma oportunidade que mudou a história da minha família.

Já realizamos vários sonhos. O primeiro dele foi minha saúde e, após três anos, recebi meu presente, a Rafaela, que para os médicos seria impossível mesmo com tratamentos, devido ao meu útero ter endometriose grau 3. Os milagres só foram adicionados, junto com alguns desafios, porém agora me sentia preparada para resolver as situações que se apresentavam.

A oportunidade que chegou em nossas mãos foi o melhor presente que poderíamos receber, além de mudar nossa vida. Tenho pessoas da minha família, amigos, conhecidos e pessoas que conhecemos em nossa trajetória que também mudaram suas vidas com essa oportunidade. Hoje temos liberdade de tempo, faço minha agenda dentro das minhas necessidades, jamais faltei a uma reunião de escola de minha filha, além de participar de suas atividades. Realizamos o grande sonho que contei no início, a chácara para meus pais, onde também moramos. Construímos a casa dos nossos sonhos, viajamos por quase todo o Brasil de férias ou fazendo palestras, viagens internacionais, além de uma qualidade de vida que jamais sonhamos ter.

Acredito que empreender é ter um propósito claro. Hoje, me sinto realizada em todas as áreas da minha vida: sou esposa, sou mãe, posso ser uma filha presente para minha mãe, tenho meus momentos de tomar café com as amigas, planejamos nossa vida livremente. Minha filha hoje tem 17 anos e já visualiza seu futuro com o mesmo empreendimento que temos hoje no ramo de nutrição, é apaixonada por desenvolver receitas saudáveis. Não existe uma idade para começar a sonhar, não precisa esperar a oportunidade certa para sonhar, o que precisa é acreditar que mais cedo ou mais tarde, se você não desistir, vai alcançar os seus sonhos, sejam eles quais forem.

No meu manual de vida, que é a Bíblia Sagrada, tem um versículo que me acompanhou nesse processo até chegar aqui: "E não nos cansemos de fazer o bem, pois no seu tempo próprio colheremos, se não desanimarmos" (Bíblia Sagrada NVI, Gálatas 6:9). Hoje, vivo uma vida que jamais poderia ter imaginado naquele pequeno sítio. Aprendi que não há sonho grande demais quando colocamos nossa confiança em Deus. E, enquanto caminho ao lado da minha família, vejo que todos os altos e baixos, picos e vales, me trouxeram até aqui — uma jornada de fé, propósito e realização.

“Com fé e perseverança, até os sonhos mais impossíveis se tornam realidade.”

Jane Lamezon

Lucimar Rezende Milagres

Meu nome é Lucimar Rezende Milagres, nasci em Minas Gerais e moro em Bonito/MS. Tenho 60 anos, sou mãe do Artur e avó da Aurora; eles são luz no meu caminho. Sou casada com Geraldo Lima, tenho três enteados e quatro netos amados.

Formada em Pedagogia, pós-graduada em Didática, educadora por natureza e exerço minha atividade como treinadora de bem-estar e estilo de vida saudável há mais de 24 anos.

Como empreendedora do marketing multinível, me realizei como profissional de sucesso seguindo os ensinamentos de grandes líderes nacionais e internacionais, a quem sou grata. Nessa trajetória, me inspiro em histórias de superação e aprendo novas habilidades todos os dias. Amo aprender e ensinar, por isso tenho sede de vida.

coachlucimar
portaldasuatransformacao
spa.soldebonito

9 O BRILHO DA LUZ E A FORÇA DO MAR ME DEFINEM

Por Lucimar Rezende Milagres

Gratidão a Deus por minha vida e por todos os livramentos dos momentos difíceis pelos quais passei. Honro a vida de meus avós, de meu pai e de minha mãe, que me deram um lar de amor, estudos, responsabilidades e com importantes orientações espirituais. Minha família de origem deu a base e a estrutura familiar que tenho hoje, com minhas irmãs amadas, duas de sangue, superdedicadas à família e ao sucesso profissional, que me inspiram a todo tempo a ser uma mulher melhor neste mundo; e a irmã de coração, que viveu conosco muitos anos e a quem sou grata.

Gratidão a meu esposo, homem maduro, visionário, trabalhador e honesto, que me faz ver a vida com mais sabedoria e viver sonhos maiores que jamais imaginei. Estamos juntos há 26 anos, ele me traz a paz e a vida conjugal que sempre sonhei. Nossos valores são respeito e a confiança, e o amor nos guia em nossos pequenos e grandes passos de uma vida a dois. Tenho muito carinho por todos que vieram nos amar e dar para mim o que eu necessitava para ser quem eu sou hoje.

Agradecimento ao meu único filho, que é o meu milagre, já que fiz um longo tratamento para engravidar durante dez anos e, com a permissão de Deus, pude realizar o sonho da maternidade. Hoje posso ver o amor de Deus nas nossas vidas, ter a oportunidade de ser avó e sentir o amor de minha neta que agregou alegria intensa a minha vida. Meu coração parece andar fora do peito ao sentir um amor indescritível e multiplicado. Gratidão aos meus três enteados e seus filhos que a vida me presenteou, fazendo meu coração ainda maior. As crianças são nossa alegria de vida.

Agradeço à amiga de uma história linda de amizade de longos anos, Rosilei, que me trouxe a oportunidade de registrar um pequeno relato de minha história neste livro.

Desde muito pequena sou observadora. Gostava de ver e ouvir histórias de pessoas que tinham uma vida melhor, mais próspera e, com isso, eu sonhava em ter uma vida extraordinária e com muito conforto. Viajar pelo mundo e viver um estilo de vida abundante.

Sou mineira, mas saí muito cedo do meu estado devido às atividades de meu pai. Nos mudamos para Mato Grosso do Sul e vivi minha infância e juventude em Campo Grande. Estudei em escola pública na infância, na época uma referência em educação inovadora, e fui alfabetizada pela melhor educadora para a vida, minha mãe. Claro que aprendi rápido. Fui para a escola particular a partir do Ensino Médio. Estudei piano por nove anos, pois sempre desejei ser destaque em apresentações públicas. Quando adulta sonhava em fazer pedagogia e exercer minha profissão em escolas públicas, o que de fato aconteceu. Estudei em universidade federal e fiz especialização na área de didática.

Na educação, almejava cargos de destaque e liderança, onde, inclusive, trabalhei por longos anos em gestões de ensino municipal e estadual. Fui professora universitária, mas o que me atraía mesmo era a vontade enorme de prosperar. Seguindo a profissão de minha mãe, onde era destaque e referência no topo da liderança do estado, assim, me inspirei em seguir seus passos. Meu pai foi gerente de banco por anos, advogado e empreendedor, sempre fazia negócios paralelos a sua atividade para agregar mais renda à família. Sempre dinâmico, criativo e desejoso de prosperar. Meus pais são fontes inesgotáveis de amor e exemplos de superação.

Vivi intensamente minha infância e juventude. Sempre alegre, criativa e observando tudo e todos. Sou dos detalhes, essa é uma característica de minha personalidade. Eu me casei jovem e, no meu primeiro casamento, tive um desejo forte de ser mãe, porém tive dificuldades para engravidar. Investimos muitos recursos em tratamentos, sou grata ao pai do meu filho por apoiar todo o processo que demorou dez anos a se concretizar. Nosso filho nasceu saudável e é uma bênção em nossa vida. Mas nosso casamento finalizou e comecei a tocar minha vida de forma diferente.

Tirei uma licença da educação e mudei minha profissão radicalmente. Fui para o ramo de transportes de passageiros e fiz meu lado empreendedora aflorar. Nesta atividade, em pouco tempo, conheci um concorrente que era bancário há anos e que resolveu mudar tudo também. De funcionário a empreendedor, veio com a mesma necessidade de mudar sua vida e a de seus filhos, pois precisava dar a grande virada financeira. Incrível como o destino nos uniu e ele se tornou o homem mais importante de minha história. Vivemos um casamento abençoado há mais de 26 anos. Quando alinhamos nosso propósito, a vida nos apresenta as soluções. É preciso colocar em ação nosso trabalho para que possamos começar a realizar nossos projetos.

Aprendemos muito sobre transporte de pessoas. Nosso grande conhecimento foi lidar com os diferentes de nós e saber que todos as pessoas têm suas histórias de superação. Nesta atividade, não ganhamos dinheiro suficiente, então seguimos buscando outro ramo para ganhar mais e poder pagar nosso custo de vida de casal com quatro filhos em fase de estudo.

A família aumentou rápido com a chegada de meu esposo em minha vida. Tivemos que suprir as necessidades dos que estavam sob nossos cuidados. Resolvemos partir para o ramo de alimentação pelas minhas habilidades culinárias e pela nossa intuição. Fomos em feiras de negócios, pesquisamos franquias e decidimos fazer nosso próprio sistema de franquia. Abrimos um restaurante com vários funcionários e custo alto; queríamos criar nossos processos e fazer a marca ser uma referência na nossa região. Sonhando em vender o nosso conhecimento para outras unidades duplicadoras e receber mais recursos por isto. Uma exaustiva rotina de trabalho de quase 18 horas por dia.

Após cinco anos de luta, estávamos com uma dívida absurda e sem condições físicas de continuar. A saúde já estava debilitada. Naquele momento, eu só pedia a Deus a oportunidade real que pudesse mudar nossa história de fato. Dias de choro, desespero, agonia, sem força, sem saúde, um estresse absurdo e as dívidas consumiam tudo que fazíamos, não tínhamos nenhum dinheiro sequer. Na verdade, precisávamos de um milagre. Mas, no fundo de meu coração, a minha alma sabia que algo grandioso ia aparecer em minha trajetória e mudar nosso destino.

Um dia de cansaço extremo encontrei a minha oportunidade. Fui atraída por um simples folheto de papel que apareceu numa mesa do restaurante e falava de uma renda extra. E deste dia em diante me deparei com meu milagre de fato. Conheci pessoas e vi resultados financeiros sólidos, e fomos orientados nos passos necessários para o êxito, pois já existia um modelo internacional de sucesso. Fomos apresentados a uma empresa de marketing multinível na área de nutrição e bem-estar. A visão de mercado e a tendência crescente da humanidade pelo bem-estar estimulou o nosso grande *start* no segmento. O plano de carreira detalhado nos encantou. Logo veio o passo a passo com treinamentos, leituras incansáveis, estudo e a estratégia certa para atingirmos ganhos exponenciais. Investimos alto em treinamentos de desenvolvimento pessoal no Brasil e nos Estados Unidos. Além dos treinamentos da empresa, fomos três vezes aos treinamentos de Tony Robbins, fora do Brasil, nos tornando treinadores de bem-estar e estilo de vida.

Todo esse conhecimento nos trouxe a bagagem de transformação de uma mente pobre para uma mentalidade de prosperidade e abundância. Testamos o modelo do nosso negócio nos primeiros anos em nossa cidade e depois abrimos outros mercados. Fomos de cidade a cidade mudando literalmente para lugares que não conhecíamos ninguém, inclusive moramos em outro país para fazer nosso grande sonho internacional acontecer. Em cinco anos já tínhamos alcançado o topo de crescimento na empresa com uma grande base de clientes.

Analisando qual foi o segredo do nosso sucesso, posso dizer que foi a fome de empreender, de dar certo, de ser ensinável e obediente, de saber que no caminho iam aparecer os desafios, mas não estávamos dispostos a parar diante de dificuldades. Fizemos uma blindagem e colocamos pouco foco nos problemas e muito foco nas soluções deles. Muita fé e trabalho constante e a força interior para vencer os céticos e incrédulos no nosso sucesso. A sede e a fome de conquistar sonhos engavetados foram dando a força para tirar cada um da imaginação. Planejar sempre foi meu foco como educadora e penso em cada detalhe do plano como empreendedora. O mesmo deve ser escrito, detalhado, anotado, ajustado e avaliado. As ações se tornam mais fáceis no dia a dia quando tudo está claro para você.

Durante a passagem pelos meus desertos pessoais, sempre mantive a confiança na providência divina. O Deus da vida que me ampara, me guarda e me protege. Os ensinamentos da vida e dos negócios são meios para me tornar uma pessoa melhor, mais solidária e generosa. Sinto que a minha alegria de viver, as minhas risadas, ajudam a celebrar a vida em todos os momentos, e a minha confiança no caminho que escolhi percorrer me renovam as forças para seguir no meu propósito maior para mudar vidas. Conheci a Jesus neste ciclo e sinto que ele me guia verdadeiramente.

Hoje vivemos no interior do estado de Mato Grosso do Sul, em Bonito, e estamos nos conectando intensamente com a natureza. Faço o meu trabalho on-line tendo a liberdade que sonhei viver. Conquistamos o conforto, a liberdade, nossas casas, nossas áreas rurais, inclusive uma aqui em Bonito, que é um sonho, cheia de cachoeiras, onde estamos construindo mais um recanto charmoso e aconchegante para receber nossos netinhos. É claro que os resultados dependem do esforço pessoal e do tempo que nos dedicamos a esta atividade. Já se passaram 24 anos desta trajetória de trabalho e dedicação exclusiva. As ações diárias e os resultados são o fruto da constância, do compromisso de fazer, refazer, aprimorar, melhorar e quando se torna real comemorar e celebrar para ser o marco do reconhecimento.

Estamos construindo nosso legado para nossas gerações, e este capítulo da minha vida, traz uma renovação e uma alegria em poder inspirar outras mulheres que desejam alcançar uma vida vitoriosa e abundante.

"Enxergue o seu melhor e use a seu favor. Faça progresso em todas as áreas da vida. Aí tudo fará sentido!"

Lucimar Rezende Milagres

Marciani Peretti

Natural de Capanema/PR, uma pequena cidade com menos de 20 mil habitantes. Vivi em quatro diferentes países nos últimos dezesseis anos, desde que saí do Brasil: Peru, Estados Unidos, Colômbia e Venezuela.

Administradora de empresas, construí um negócio com marketing multinível no qual atuo há 21 anos. Resido atualmente em Medellín na Colômbia, com minha linda família: meu marido Guillermo Cortes e nossas duas filhas preciosas, Alana e Mariana.

Sou filha amada do Senhor, uma mulher com uma identidade restaurada, esposa, mãe, empresária, filha, irmã e amiga. Creio que todos podemos conquistar plenitude trabalhando de forma integral nestas três áreas das nossas vidas: espírito, alma (razão e emoção) e corpo físico.

Meu convite neste livro para você: **viver uma vida por *design***!

bymarcianiperetti

Mulheres de impacto

10 VIVER UMA VIDA POR *DESIGN*

Por Marciani Peretti

Enquanto muitas sonhavam com carreiras universitárias, eu idealizava ser bancária. Era o único estabelecimento da pequena cidade com menos de 20 mil habitantes no interior do Paraná, onde nasci e cresci, que tinha ar-condicionado central o dia todo (cabe mencionar que no sul do país a média de temperatura supera os 30 °C em grande parte do ano). Como auxiliar dos meus pais, eu chegava no banco todos os dias suada e de bicicleta, mas me encantava ver as mulheres trabalhando com as unhas pintadas e bem-vestidas.

Durante toda minha infância, vi meus pais serem donos do próprio negócio. E mesmo que eu sempre os visse sendo os primeiros a chegarem na empresa e os últimos a sair, trabalharem fora de hora, aos finais de semana e sem tirar férias (privilégio que empregados têm trinta dias por ano), ainda assim eles foram minha referência para este primeiro conceito de vida: **é melhor ser dono do seu próprio negócio do que trabalhar para outra pessoa, e não deixar o seu futuro nas mãos de mais ninguém**. O dono do restaurante sempre ganha mais que a cozinheira. Não digo que seja um problema ser empregado, inclusive tive minha primeira e única experiência quando, ao terminar a faculdade de administração de empresas, fui aprovada em um concurso público da prefeitura municipal, onde trabalhei por dezesseis meses. Foi uma experiência gratificante, mas não demorou para me incomodar o fato de que, independentemente do quanto eu me esforçasse, já estava determinado por mais alguém quanto me pagariam no final do mês. Dessa forma, eu permitia que outras pessoas definissem quanto valia o meu tempo. E aqui veio o segundo princípio para minha vida: a **autorresponsabilidade** de assumir as coordenadas do meu futuro.

Nesse momento, comecei a analisar quais eram minhas possibilidades de crescimento se eu continuasse com a aparente estabilidade que um emprego oferece. Para obter uma visão aproximada de como poderia ser sua vida nos próximos cinco ou dez anos, basta olhar para uma pessoa que já faz o que você faz atualmente, por mais tempo.

Dessa forma, meu próximo passo na prefeitura poderia chegar a ser chefe de departamento, depois chefe de gabinete, e, no auge de um desempenho impecável e sem contar com as inúmeras variáveis externas e aptidões políticas inexistentes, o ápice da minha carreira poderia chegar a ser prefeita da minha cidade. Por mais interessante que essa posição pudesse parecer, eu, como auxiliar de contabilidade naquele momento, conseguia saber quanto recebia cada um naquela instituição, e definitivamente o salário mais alto da folha não era suficiente para patrocinar a vida que eu gostaria de ter.

Voltei a trabalhar nos negócios da família. Apesar de ser uma situação bastante privilegiada, sonhava em construir algo independente que não fosse apenas dar continuidade ao que os meus pais já haviam desbravado. Foi então que recebi o convite para conhecer uma oportunidade de negócios inserida em marketing multinível. Eu me interessei pelos produtos por sua alta demanda e rotatividade, porém tinha algum preconceito. Considerando que nessa etapa eu ainda não tinha claro um conceito real de que na vida **90% são opiniões e apenas 10% são fatos**, atribuo que, por graça divina, não fiquei com a limitação da minha opinião, e viajei para um evento onde conheci os fatos sobre a empresa e a oportunidade, a qual nesse momento, sem eu saber, não apenas me permitiria, mas me ensinaria a viver uma vida por *design*.

Pude visualizar com os depoimentos de pessoas que já faziam o negócio por mais tempo, que se eles conseguiram e eu fosse suficientemente ensinável, poderia ser possível para mim também. Esse é outro dos princípios de sucesso que atribuo aos negócios: **escutar conselhos e seguir instruções unicamente de quem já**

logrou o que eu desejo conquistar. Aqui entra algo chamado de "ladrões de sonhos": são pessoas, inclusive em alguns casos familiares e amigos próximos, que podem dar-lhe um mau conselho mesmo estando bem-intencionados, talvez por inexperiência ou simplesmente desconhecimento.

Afortunadamente eu havia encontrado a oportunidade de ser independente, construí-la do zero e com um crescimento diretamente proporcional ao meu esforço. Bastava tomar a decisão, posicionar-me, estabelecer meus objetivos claros, convertê-los em metas, transformá-los em um método de operações diárias, para, com disciplina e constância, colocá-los em ação para lográ-los. Foi exatamente o que eu fiz. Obviamente eu não tinha esses princípios claros desde o início, nem estavam organizados em uma sequência lógica como descritos acima. A simples vista e hoje resumidos em uma lista, parece ser fácil, mas foram muitos erros e acertos que marcaram os anos de maior aprendizagem da minha carreira.

Cada nova fase da sua vida vai exigir uma nova versão de você

Pouco mais de um ano trabalhando em tempo parcial, decidi sair da casa dos meus pais para uma cidade maior e ampliar o meu negócio. Logo, cresci minha visão e queria expandir a nível internacional. Hoje em dia podemos fazer isso a partir de casa, com a praticidade da internet e a informação em tempo real, mas no início dos anos 2000 ainda não era assim. Eis aqui o grande marco da minha história: uma mudança de país. Cheguei em Lima, no Peru, com o objetivo claro e específico de recrutar distribuidores como filiais internacionais. Não conhecia ninguém e não falava o idioma. Foram muitos os desafios e a necessidade latente de aprender e desenvolver novas habilidades na prática.

Duas características fundamentais para qualquer pessoa que quer empreender: ser flexível e estar aberto a mudanças. Porém, ressalto algo importante, não considero necessário mudar de cidade ou país para poder avançar ou fazer crescer um negócio. Para a expansão de qualquer área, é necessário que aconteça um processo interno de *metanoia*, porque se a mudança de mentalidade e as novas disciplinas não acompanharem a mudança de CEP, os resultados seguirão sendo os mesmos, independente da geografia em que a pessoa se encontre.

E aqui a boa notícia nessa etapa tão exigente da minha vida: conheci o meu amado esposo venezuelano, quando eu ainda não falava praticamente nada de espanhol e ele não falava português. Unimos sonhos, objetivos e ação. Ele, sem dúvida alguma, foi o meu maior mentor em todo este processo. Ressalto um dos seus tantos lemas que ajudaram a desenhar o nosso negócio: **ação massiva, resultados massivos**. E isso foi exatamente o que fizemos. Juntos, decidimos mudar para os Estados Unidos para seguirmos expandindo. Novamente um novo país para mim, sem conhecer ninguém, e mais uma vez, sem falar o idioma local. Sem dúvida alguma, novos desafios se convertem em novas habilidades.

Trabalhamos incansavelmente todos os dias por vários anos, incluindo finais de semana, feriados e datas especiais. Tínhamos claro que, principalmente em etapa de construção de negócio, quando as demais pessoas descansavam, era quando mais deveríamos trabalhar, enchendo a nossa agenda de visitas programadas no tempo livre deles, para apresentar-lhes o que tínhamos para oferecer. Definitivamente, este princípio é determinante independente da área de atuação: **não se constrói independência financeira trabalhando em horário comercial**.

Lembro-me claramente de um dos dias em que o meu cansaço físico sobrepassou o meu propósito, e questionei o meu esposo do porquê unicamente naquela ocasião não poderíamos acompanhar dois casais de amigos em um acampamento de fim de semana, algo como uma "vida normal" me referia. E ele me perguntou: "Tem certeza de que é uma vida normal o que você quer?". Não foi preciso me dizer mais nada. **O preço do sucesso se paga adiantado**. Atribuo ao crescimento pessoal cultivado constantemente através de livros, vídeos e seminários, o que calava essa pequena voz interior que todos temos, e que às vezes nos faz duvidar.

Outra pérola foi não somente internalizar o conceito da disciplina, mas levá-lo com perseverança na prática. A disciplina é a ponte entre o desejo e a realização de qualquer coisa na vida. Eu possuía algumas habilidades para vendas, de cada cinco apresentações, eu fechava dois ou três novos clientes. Apesar de meu esposo de cada cinco apresentações, fechar apenas uma, ele seguia incansavelmente fazendo dez, quinze ou vinte apresentações com disciplina, e poderia terminar tendo mais clientes do que eu. Foi assim que aprendi que a constância supera o talento. Também ressalto que trabalhando juntos, em casal, a matemática do nosso **esforço x resultados** não podia ser 1 + 1 = 2, precisava ser = 3. Este é o verdadeiro potencial de crescimento exponencial: objetivos em comum, com metas e trabalho individual. Cada noite nos perguntávamos: "Amanhã o que poderemos fazer melhor que hoje?".

Definitivamente valeram a pena todas as renúncias e sacrifícios. Aqueles amigos que nos convidaram anos atrás e que nunca acompanhamos, apesar de nos dedicarmos à mesma atividade comercial, hoje, treze anos depois, suas vidas financeiras continuam iguais.

Muito além do material, atualmente desfrutamos da liberdade de escolha. Vivemos no país que escolhemos para nossas filhas crescerem; estudam no colégio que selecionamos conforme nossos princípios, sem limitação por condição; temos liberdade de espaço e tempo para trabalhar a partir de casa de pijama, e em paralelo poder viajar pelo mundo, participar de eventos e ditar treinamentos de negócios com pessoas de sucesso, onde minha criança interior se realiza vestindo-se de forma elegante e de salto alto.

Todas estas escolhas primeiro foram desenhadas. A vida que vivemos foi planejada com antecipação. Hoje, colhemos os frutos das decisões que tomamos no passado, as quais definimos, priorizamos e desempenhamos. **As decisões que você toma hoje darão forma ao seu futuro**. Se você não sabe para onde vai, já chegou, ou pior, qualquer lugar serve. Seja intencional. Nada é por acaso. Inclusive para viver um milagre, primeiro você o visualiza, mas ele precisa encontrá-lo em movimento. Por isso, minha recomendação mais preciosa é: **aprenda a viver uma vida por *design***!

“Não se constrói
independência
financeira
trabalhando em
horário comercial.”

Marciani Peretti

Maristela Gregolan Barbosa

Sou Maristela Gregolan Barbosa. Nasci em Realeza, uma pequena cidade no interior do Paraná. Resido hoje em Goiânia com minha família: meu esposo Moisés, com quem sou casada há 33 anos, e nossos dois filhos, Mateus e João Vitor.

Professora graduada e pós-graduada pela Faculdade FAFI-Palmas/PR. Atuei na área da educação durante catorze anos com várias formações *lato sensu*.

Em 2004, ingressei numa empresa de marketing multinível e atuo na área de bem-estar e empreendedorismo. Tive treinamento de desenvolvimento pessoal com grandes líderes no Brasil e exterior.

Sigo buscando sempre evoluir e mostrando a oportunidade para as pessoas no desenvolvimento pessoal e mudanças na área financeira dentro empreendedorismo.

marividasaudavel

+55 (62) 98319-0922

11 QUE O MEDO NÃO IMPEÇA VOCÊ; MOVA-SE PELOS SONHOS

Por Maristela Gregolan Barbosa

Minhas escolhas criaram minha realidade

Nasci numa pequena cidade no interior do Paraná. Meus pais eram pequenos agricultores que cultivavam a terra para o sustento. Família humilde, não tínhamos muitos recursos, mas havia alegria na mesa farta, fruto do trabalho que envolvia a família durante o plantio e a colheita. Porém a vida simples e sofrida da lavoura não somava para uma vida de realizações.

Meus pais sonhavam com uma vida melhor para os filhos e a frase que ouvíamos era: “Filhos, estudem, é o melhor caminho”. Assim, na simplicidade do conhecimento, eles iam nos direcionando através de princípios, valores e até mesmo crenças limitantes que norteavam suas vidas e que trouxeram como bagagem agora para a vida em família.

Assim, minha visão de mundo foi se formando através desse mundo adulto que era vivido na rotina da família, em que nem tudo eram flores. A vida financeira era limitada, pois nem sempre a colheita na lavoura supria todas as necessidades. Menos dinheiro e mais desafios, e esses momentos traziam à tona pensamentos, sentimentos e emoções que influenciavam minhas ações e comportamentos quando criança.

Estudos da Psicologia mostram que a formação da criança até os 7 anos tem a primeira importante programação, como um comando de computador “copia e cola”, e levamos como bagagem para a nossa vida esse programa do mundo adulto, um sistema formado no nosso subconsciente que vamos acessando em todas as situações e tomadas de decisões no dia a dia, com erros e acertos. Assim vivia na minha infância e adolescência.

Agora já adulta, hora de decisões importantes até sobre minha formação profissional. No Ensino Médio, optei pela área da educação, ser professora, então cursei o Magistério. Após o término, já como professora, parti para a missão como educadora. Trabalhando em escolas de Ensino Fundamental, tive certeza da minha escolha, mesmo com desafios de baixos salários, poucos recursos materiais, entre outras situações.

Comprometida, prosseguia realizando meus projetos. Confesso para você que certas situações me faziam questionar se era aquela profissão que eu desejava seguir, então buscava respostas em Deus, pois sua Palavra nos afirma que "Tudo posso naquele que me fortalece" (Filipenses 4:13), versículo que transmite esperança e coragem.

Segui buscando minha formação acadêmica e entrei na faculdade. Foi desafiador para mim. A cidade era distante de onde eu estudava, os recursos financeiros eram escassos. Por ser uma instituição particular, onerava o orçamento da família, meus ganhos não eram suficientes, mas o que me impulsionava era saber que estava no caminho das realizações. Como afirma Augusto Cury,[1] "sonhos são projetos de vida que quando são verdadeiros nos controlam, mesmo quando enfrentamos nossos desafios internos", mas meus sonhos estavam alinhados com vontade de mudar, quebrar o velho e construir o novo.

Entendi que precisava criar uma ligação forte dos meus sonhos com a disciplina de enfrentar os desafios da escassez de dinheiro em casa, dividir tudo com minhas amigas de pensão na faculdade para ficar mais barato, desde alimentação até mesmo roupas, pois era uma cidade gelada no período de inverno. Porém, decidida a me preparar para crescer, compreendi que os desafios são o modo de Deus nos preparar para o extraordinário. Em janeiro de 1990, concluí o curso de Letras, somando na minha carreira como professora.

Mais portas de oportunidades se abrindo, melhor remuneração e escolas melhores. Segui trabalhando e focada no próximo passo: a pós-graduação. Como afirma Jim Rhons,[2] "Não seja impedido pelos teus problemas, mas conduzido pelos teus sonhos".

Em fevereiro de 1991, realizei mais um sonho de toda jovem: me casei. Moisés veio para somar na minha vida, formar uma família, idealizar e realizar novos projetos. Então, alinhamos nossa caminhada juntos, ele como bancário e eu como professora.

O que ganhávamos juntos dava para pagar as contas no fim do mês e sobrava um pouquinho para guardar. Tínhamos uma carga horária excessiva de trabalho. Eu trabalhava alguns dias da semana nos três períodos, chegava em casa cansada, mas precisávamos juntar nossos sonhos com a disciplina e cumprir as metas. Desejávamos ter nossa casa, carro, viajar, ter filhos e conquistar independência financeira.

Nossos projetos de vida foram se realizando no decorrer dos anos. E, para completar nossa família projetada por Deus, nasceu Mateus. Após quatro anos, chegou outra bênção, nosso João Vitor, para aumentar ainda mais nossa felicidade como pais.

Metas crescentes, mais compromissos com o trabalho na escola, pois, como pais, queremos sempre proporcionar aos nossos filhos o que nossos pais, por limitações ou por falta de oportunidades, não conseguiram realizar conosco. É como uma ressignificação de situações que marcaram nossa vida.

Ser mãe, esposa e professora, ao longo dos anos, gerou um desgaste físico, mental e emocional. Então comecei a fazer uma análise a respeito da minha carreira profissional após catorze anos de trabalho:

- colegas de profissão com 25 anos de trabalho concluído, com uma aposentadoria insuficiente para uma vida plena;
- eu delegava a outras pessoas a educação e o convívio com meus filhos, sem muito tempo para ser mãe;
- carga excessiva de trabalho, saúde física e emocional abaladas, nível de estresse elevado;
- com pós-graduação e sempre buscando capacitações na área, não agregava muito em termos salariais.

Amava minha profissão, mas estava aberta a novas oportunidades e projetos, sempre buscando em Deus uma mudança um novo caminhar. Em 2003, conhecemos o marketing multinível, carreira na área do empreendedorismo. Confesso que nos encantamos com a possibilidade de ser empreendedores. Possibilitaria grandes mudanças na área financeira, com ganhos de acordo com nossos esforços por decisão, foco, planejamento e disciplina, não apenas por sonhos, mas por desejos de mudança, conquistas, desenvolvimento pessoal, nos posicionando no mercado dentro de uma tendência de saúde e bem-estar. Poderíamos ajudar pessoas abertas a novos propósitos de vida, inspirar, impactar, realizar projetos, dispor de mais tempo de qualidade com a família, viajar para lugares incríveis.

E assim começamos nosso novo projeto de vida, em tempo parcial no início, pois tínhamos nossa profissão. Eu já somava catorze anos na área da educação e meu esposo dezessete anos como bancário; ambos concursados. Após dois anos com essa rotina, pedimos demissão do trabalho para nos dedicarmos em tempo integral ao nosso novo negócio. E o novo sempre incita, desafia. Então, desenvolvemos novos conceitos mentais, financeiros, aprendemos a gerenciar melhor o tempo, ajustar o foco, sermos mais produtivos. A cada nível que avançávamos, exigia uma nova versão melhorada, e quando eu afirmo "eu decido ou eu escolho", muda minha energia, meu poder de ação. Entendi através dos ensinamentos dados pelos nossos líderes que se eu quero mudar os frutos (resultados), preciso mudar as sementes (autoconhecimento).

No início dessa nova trajetória, houve momentos desafiadores, principalmente internos, com renúncias e até lágrimas, pois precisava deixar nossos filhos com babás ou com minhas irmãs para viajar longas distâncias em busca de conhecimento e autodesenvolvimento. Ocasionalmente, me deparava com dúvidas e indecisões. Porém, vinha à tona as dificuldades financeiras dos meus pais durante minha infância e vida adulta, lacunas que agora eu precisava ressignificar e até ajudar meus filhos a percorrerem um caminho não com menos problemas, mas com mais habilidades, com recursos financeiros para dar uma boa formação profissional a eles, termos uma vida próspera, e deixarmos um legado para a vida deles. Esse era meu desejo e do meu esposo. Sempre pedindo o direcionamento de Deus em nossas decisões.

Eu lembrava dos ensinamentos dos nossos líderes, suas histórias desafiadoras e inspiradoras com grandes realizações me impulsionavam a prosseguir mesmo com obstáculos, porque somos os únicos seres vivos com capacidade de mudanças, de dar um novo direcionamento, criar novas habilidades e sair da letargia. Como afirma Augusto Cury, "a dor pode nos destruir ou construir, vai depender da nossa capacidade de criar situações para a reconstrução". Então, usamos os desafios e a aprendizagem para a construção desse novo projeto.

Vimos através do marketing multinível a oportunidade para dar um novo *start*. Na empresa que desenvolvemos o negócio, os ganhos são baseados no nosso desempenho e nas parcerias com pessoas que têm visão empreendedora e que pretendem ampliar ou começar seu negócio de forma independente. Outro ponto não menos importante é tempo de qualidade, liberdade de podermos escolher para empreender no Brasil e em vários países onde a empresa está presente, ajudando mais pessoas a terem suas vidas transformadas pela ação, disciplina e comprometimento com seus sonhos e projetos de vida.

Quando você conhece sua essência, sabe o que é capaz de fazer para alcançar o caminho, precisa de um passo à frente — a decisão da mudança — pois nossos resultados dependem unicamente dos esforços da nossa atitude. Se existe a ação para a mudança, logo tem a colheita dos resultados, que requer persistência, coragem para continuar o plantio, retirar as ervas daninhas das indecisões, das dúvidas, das opiniões contrárias que tentam sufocar a colheita (resultados). Porém, sair da inércia é transformador, olhar para o caminho que você fez para estar mais próximo da conquista não foi sorte, foi sua fé maior que seus medos e sua atitude maior que suas crenças limitantes.

Então, é preciso buscar se conhecer, buscar informações para sua formação, somar conhecimentos. Ler bons livros, alimentar seus valores e ouvir conselhos de pessoas de sucesso que já percorreram o caminho vai ajudá-la a errar menos e acertar mais.

Hoje nosso momento é gratidão, desfrutamos de uma vida confortável em todas as áreas. Podemos escolher onde morar, construímos uma segurança financeira para nossa família, viajamos para lugares incríveis como cruzeiros nacionais e internacionais.

Referências bibliográficas

CURY, A. *Como não desistir dos sonhos*. YouTube. Disponível em: https://www.youtube.com/watch?v=7vGMva-9vrc.Acesso em: 26 set. 2024.

RHON, Js. *As 4 estações da vida*. São Paulo: DCL, 2019.

"Acredite nos seus sonhos, seguindo os valores e princípios espirituais na construção do ser e do ter uma vida vitoriosa e aprovada por Deus."

Maristela Gregolan Barbosa

Nathália Senna

Começo agradecendo a Deus pela oportunidade de acordar e fazer melhor e diferente que ontem.

Sou Nathália Senna, tenho 38 anos, filha de Antônio e Odete e irmã da Juliana. Esposa do Márcio há vinte anos e mãe da Clara, de 15. Formada em Educação Física e Espanhol, atuo há onze anos numa empresa de marketing multinível de nutrição e bem-estar. Palestrante e empreendedora de uma loja física há onze anos em São Paulo, na região da ABC.

Amo me desenvolver e aprender. Estou sempre conectada em eventos presenciais e on-line. Sou apaixonada por lendas que falam sobre o desenvolvimento pessoal.

Dedico este capítulo a algumas pessoas que na minha jornada me ajudam a continuar e a erguer a cabeça com fé e coragem, e ter a certeza que tudo passa e dará certo. A vocês, meu marido Márcio Viana, minha filha Clara, meus pais Odete e Antônio, minha irmã Juliana e minha avó Emília.

nathaliafsenna

12 NÃO PARE AGORA! ALGUÉM ESTÁ SE INSPIRANDO EM VOCÊ

Por Nathália Senna

Nossa, nunca achei que seria tão difícil falar sobre si, mesmo que eu seja a personagem principal e realmente tenha vivido tudo que vocês irão ler aqui. Fazer um regresso da nossa vida pode nos fazer lembrar de coisas que estavam esquecidas, trazer para o presente o que gostaríamos de deixar no passado, mas também pode ser libertador, emocionante e se sentir grato pela pessoa que se tornou. Então, espero que minha trajetória na carreira profissional possa encorajá-la a iniciar ou até mesmo continuar, mesmo que esse momento seja o mais difícil da sua carreira. Mas nunca se esqueça que seu lado pessoal interfere para que tudo flua bem ou mal. E todas suas vivências quando criança e exemplos podem interferir ou não nas suas escolhas e decisões de hoje.

Sou uma garota que sempre teve sonhos, muitos deles não tinham a ver com coisas, mas sim com exemplos de pessoas que eu gostaria de seguir. E duas delas são meus pais, que além de serem meus amores, são meus exemplos, pelo coração gigante e pelo esforço e resiliência em tudo que fazem. E mesmo hoje, com 38 anos, eles continuam sendo. Nas próximas páginas, você verá que se eu continuo na trajetória do empreendedorismo, você também pode alcançar tudo o que deseja.

Escrevendo, muitas lembranças vêm de reflexo das minhas escolhas de hoje. Cresci vendo meus pais que, sem estudo e sem orientação, trabalharam muito, conquistando sonhos e me mostrando, através do exemplo, que nunca era fácil, mas que era possível. Por diversas vezes, em conversas com a minha mãe, ela me contou como eles começaram a aprender e como eu, mesmo sendo criança, fazia parte disso. E já dava sinais de que iria seguir os mesmos passos. Nessa época, só copiava eles. Mas, com o passar dos anos, estudei, treinei e pratiquei muito. Até que encontrei o que realmente queria fazer por toda a minha vida.

Tive também minha formação acadêmica, mas no último ano da faculdade senti que queria mais. Que aquilo que estudei por opção minha não seria o que me levaria a realizar meus sonhos. E, no último ano, engravidei, e foi aí que tive certeza de que não iria exercer minha escolha acadêmica. Terminei a faculdade e já trabalhando na empresa dos meus pais, iniciei o curso de Administração de empresas. No curso, levava doces para vender.

Nessa época, com uma bebê, morando com os pais, sem perspectiva futuro, a única opção que via na frente era trabalhar na empresa deles, por isso a escolha do curso. E foi a primeira e única vez que tive carteira assinada. Apesar de sentir que estar na empresa dos meus pais não era o que eu buscava, fiquei um tempo lá. Mas nunca deixei de buscar ganhar mais e buscar algo em que me sentisse feliz e, de verdade, eu pudesse, de alguma forma, mostrar meu potencial construindo do zero, sem aquele sentimento de herdeira.

Após alguns meses que a Clara nasceu, esse sentimento aumentou. E, na ocasião, formada, mas trabalhando na empresa dos meus pais e vendendo de tudo: doces, produtos de catálogo etc. Aos finais de semana, eu e o Márcio dançávamos em baladas e formaturas. Até porque agora tínhamos uma filha e precisávamos construir nossa vida. Um belo dia, numa padaria, estava conversando com minha mãe sobre o quanto meu corpo tinha mudado com a gestação e que precisava fazer algo para me sentir bem. O padeiro ouviu e me indicou um local onde serviam suplementos e que poderiam me ajudar a melhorar meu corpo. Mal sabia eu que uns quilinhos a mais fariam eu encontrar a oportunidade da minha vida.

No dia seguinte, fomos conhecer o local. E parecia muito louco. Eu queria estar lá para perder peso, mas, com o passar dos dias, eu não queria ir embora pelo local e pelas pessoas agradáveis. Hoje, tenho certeza de que tudo teve um propósito e que tudo aconteceu do jeito que Ele quis. Sempre penso que, para vivermos novos tempos, temos que ser novos também. Então, nossa trajetória de empreender tem que vir junto com a resiliência e a certeza de que, através dela, estamos ajudando outras pessoas também.

Demoramos um tempo para tomar a decisão: três anos. Mas, quando decidimos, fizemos o impossível para começarmos. Sem recurso, mas com muita vontade. Aqui, aprendi outra coisa. Não adianta a oportunidade da sua vida aparecer se você não estiver preparado para ela. Porque pode passar e você nem perceber.

Nosso primeiro ano foi incrível. Mesmo sem tanta experiência, já entendemos desde o início que o importante era nunca pararmos de aprender. E assim seguimos até hoje, com essa filosofia de sermos ensináveis e nunca perdermos os treinamentos da empresa.

Nos primeiros doze meses, abrimos nosso ponto físico e construímos um time incrível. E, através deles, nasceram mais catorze pontos físicos como o nosso. Mas aí veio o segundo ano. Foi o ano de testar realmente nossa vontade de querer dar certo. E da mesma maneira que crescemos nos doze primeiros meses, perdemos 90% de tudo o que construímos no ano seguinte. Foi nosso primeiro desafio no negócio e confesso que ficamos bem chateados, nos culpando e nos perguntando onde erramos. Mas, ao mesmo tempo, lembramos de tudo que aprendemos nos treinamentos e logo decidimos fazer tudo de novo.

Não demorou muito para as coisas voltarem a crescer. Decidimos fazer tudo o que já sabíamos, só que com mais velocidade, foco e agora com experiência. Bastaram pouquíssimos meses para novas pessoas e unidades surgirem. Confesso que foi muito desafiador esquecer e ressignificar o sentimento do até então fracasso. O coração continuava apertado, mas decidimos seguir em frente. E o tempo foi muito importante para que entendêssemos que as escolhas são individuais e que não podemos querer por ninguém, a não ser por nós mesmos.

Quando nos perguntam qual é o maior desafio em empreender, sempre cito essa situação. Porque sabemos que com essa nossa história podemos fazer alguém também ressignificar, começar a colocar todo o sentimento em ordem e voltar a trabalhar nela mesma. Mas a vida é uma verdadeira montanha-russa, cheia de altos e baixos. Com o passar dos anos, vamos percebendo que são sempre os vales que nos fazem evoluir. Entre chegada e partida de pessoas, abertura e fechamento de unidades, fomos aprendendo que tudo é aprendizado e que podemos, sim, dar a volta por cima. Afinal, o que seria de nós sem os desafios? Grandes ou pequenos, até porque a alegria da vida está em sempre estarmos em constante evolução e autoconhecimento. Para que isso aconteça, temos que ter muitos perrengues para enfrentar, vencer e depois contar e ajudar outras pessoas.

Minha trajetória empreendedora é incrível. Eu amo o que faço e mesmo que eu tenha muitos desafios, ainda sim quero continuar. Afinal, se eu parar por aqui, vou fazer o quê? Voltar para onde eu não queria continuar há quinze anos, exercer a profissão de educadora física ou voltar à empresa dos meus pais? Não, definitivamente decidi continuar, até porque posso estar tão perto de achar meus diamantes. Sabe aquela imagem de dois mineradores, em que um continua e o outro desiste, e só faltava mais uma tentativa? Então, tenho essa imagem muito clara na minha mente, principalmente quando estou passando por um momento reflexivo.

E quando o desafio é na sua vida pessoal? Aí acredito que seja ainda mais difícil. Nesse exato momento, estou passando por isso. Esse, sim, é o maior desafio de todos. Aquele que você não deseja para ninguém. E você pode até estar pensando: mas o problema não serve para evoluirmos? Sim, mas com esse problema só encontramos motivos para continuar porque temos que continuar. Você descobre o verdadeiro significado do tempo, do amor, da saúde e das pessoas que você ama. De todas as outras coisas que realmente valem a pena.

Minha irmã Juliana tem 42 anos e mora nos Estados Unidos. Em abril de 2023, foi para o hospital com dor de cabeça. Isso era uma sexta-feira, e um dos exames detectou dois tumores na cabeça. Tenho a lembrança desse dia como se fosse hoje. Sei o horário, e estávamos simplesmente comemorando dez anos da nossa unidade. Isso mesmo. Felizes e já projetando os próximos dez anos. Foi um dia de muita alegria. E, no final dele, ainda estávamos com alguns amigos na loja, comemorando. Até que recebi a ligação que nem nos meus piores pesadelos imaginei receber. Ela estava internada e detectaram dois tumores e no domingo faria a cirurgia para descobrir se era benigno ou maligno.

Esse dia era 14 de abril de 2023, o dia que mudou as nossas vidas. Desde então já se passaram um ano e cinco meses. Ela segue em tratamento, e nós todos juntos, unidos, a família toda na luta contra o câncer grau 4, sem cura aos olhos do homem, mas seguindo na fé. Que no tempo dEle vamos ter o nosso milagre, nosso testemunho lindo. Estou entre o Brasil e os Estados Unidos, coração dividido, controlando de tempos em tempos a angústia. E mais uma vez tendo que continuar. Principalmente para manter o meu emocional bem, porque se tem algo que o meu trabalho me trouxe foi um time lindo e clientes maravilhosos. São amigos que se importam e choram com você.

Meu ambiente de trabalho é maravilhoso. Lá rimos, compartilhamos ideias, conhecimentos, diversão e aprendemos uns com os outros. Empreender em uma era tecnológica, em que quase tudo se resume a uma tela, filtros e mostrar o que você tem, torna mais difícil olhar no olho, tocar, sentir e realmente se importar uns com os outros. Mas, graças a Deus, minha escolha de onze anos atrás é minha escolha diária. Porque eu decidi que, haja o que houver, eu vou continuar. Porque, além de mim, muitas famílias acreditam que também podem transformar suas vidas. E, por mais que deseje os grandes níveis dentro da empresa, hoje o que mais quero é me desenvolver ainda mais. Para que, no dia que não estiver mais aqui, se lembrem de mim como uma mulher que, mesmo nos seus piores momentos, se manteve firme, continuou, superou e se tornou uma mulher de impacto na vida de muitas pessoas.

E já estou aqui imaginando minha filha, Clara, que hoje tem 15 anos, contando a história da sua mãe, com orgulho e admiração, quando eu não estiver mais aqui. Aí sim terei meu legado concluído.

"Não há nada que possa fazer você desistir, a não ser sua falta de fé e coragem."

Nathália Senna

Odete Maria Lovison

Meu nome é Odete Maria Lovison, nasci em Nova Bassano/RS e moro em Porto Alegre com meus filhos, Pietro e Sofhia, e dois pets que alegram nossos dias.

Sou graduada em Ciências da Saúde pelo IPA. Porém, durante quinze anos, segui na área bancária, pois ela compensava mais financeiramente. Fiz vários cursos de secretariado no intuito de me realizar profissionalmente como secretaria executiva.

Sempre sonhei em ver minha foto numa revista, incentivada por minha tia quando ela vinha nos visitar. Realizei esse sonho em 1995, quando fui convidada a atuar numa empresa de marketing multinível, justamente na área do bem-estar, na qual estou há 29 anos. O sucesso chegou rápido pelo trabalho contínuo e foco nos meus sonhos.

odetemarialovison

+55 (51) 99920-1819

herbasaudavel2012@gmail.com

Odete Maria Lovison

Mulheres de impacto

13 A FÉ EM TER UMA VIDA MELHOR SEMPRE ME DEU FORÇAS

Por Odete Maria Lovison

Estou iniciando uma nova experiência que imaginei que teria bem mais tarde, apenas quando meus filhos não estivessem mais morando comigo. Eu me imaginei idosa, escrevendo meu livro de poesias, falando do amanhecer, entardecer, dos amores que vivi e do quanto mudei com meditação e gratidão. Eis que recebo o convite da querida Rosilei Bortoli, minha colega de profissão — com quem sempre troquei confidências — me convidando para ser coautora de um livro. Por estar num momento muito conturbado da minha vida, pensei em falar que não, que deixaria para mais adiante. Imediatamente veio a pergunta que faço a mim mesma muitas vezes: por que não? Por que não agora? Então, agradeço a ela e toda equipe que me incentivou e me apoiou para que o que estava em minha mente descesse para o papel. E assim, convido você, leitor, a embarcar nessa viagem comigo. Muita gratidão às joias raras da minha vida, meus filhos, que desde o primeiro instante vibraram com a ideia e estarão comigo onde este livro for nos levar.

Desde criança, sempre amei ler. Sou filha de pais agricultores, somos sete irmãos e todos sempre fomos incentivados a estudar. Muito dedicada na escola, deixava de sair aos domingos para ficar em casa estudando, lendo, organizando meu material, pois durante a semana eu não tinha tempo. Comecei a trabalhar muito cedo nas lidas domésticas, pois meus quatro irmãos mais velhos não estavam em casa. Quando atingiram a adolescência, foram para o seminário e colégio de freiras para estudar e, quem sabe, seguir na profissão religiosa.

Acordava muito cedo para ajudar minha mãe a ordenhar as vacas e estar pronta às 7h da manhã para ir à escola com transporte, uniforme branquinho, impecável, pois era assim que devia ser, segundo minha mãe. Sem atrasos. Dever de casa feito no capricho e aquele desejo de receber elogio da professora. Aproveitava a viagem para ler (não havia celular na época) e recitava meus mantras de empoderamento e autoafirmação, me visualizando bem-sucedida nas provas, nos testes, no esporte e especialmente em matemática, que era meu grande desafio.

Eu me tornei basicamente uma dona de casa aos 9 anos. Então, minha infância foi um misto de trabalho e estudos, porém muito feliz. Tenho lembranças lindas e agradeço sempre a meus pais por tudo o que aprendi desde cedo, o que norteia a minha vida. Quando compartilho com meus filhos sobre minha infância, as brincadeiras, a criatividade em fazer nossos próprios brinquedos e o quanto nossa mãe participava, eles dizem: "Mãe, pare de falar, pois faz nossa infância parecer sem graça!".

E assim os dias se sucediam até eu finalizar o Ensino Fundamental. Para cursar o Ensino Médio, precisei morar na cidade, pois não conseguíamos dar conta de ir e vir em função dos trabalhos de grupo, para então finalizar o curso profissionalizante. Morei numa pensão com minha irmã, Lourdes, e uma amiga. Nosso quartinho tinha armário e guarda-roupa feitos de caixas de papelão estruturado. Ali guardávamos os alimentos que ganhávamos eventualmente. Lembro sempre que havia um ratinho que nos visitava à noite e que provocava muitas risadas, pois nossa companheira de quarto tinha muito medo.

Comecei a trabalhar como auxiliar de laboratório, mas foi desastroso pois quase desmaiava ao ver algumas gotas de sangue. Optei por trabalhar como garçonete. Era bem difícil, pois a maioria dos clientes eram homens e eu acabava sofrendo assédio. Não contava para ninguém, nem para minha mãe para ela não sofrer, por conta disso acabei ganhando muito peso e emagrecer passou a ser um sonho para mim.

Ao completar 18 anos, vim a Porto Alegre para cursar a faculdade. Para tanto, trabalhava no banco de dia e estudava à noite.

Minha jornada era longa e tinha dias que não conseguia nem me alimentar, então emagrecer foi uma consequência. Nos finais de semana, cuidava da casa, estudava e cantava no coral da Igreja junto com meus irmãos — meus pais acabavam matando a saudade me vendo pela TV, com o coral em aparições eventuais. Isso me ajudou a trabalhar muito minha timidez, que era grande, a ponto de, quando adolescente, eu ter vergonha de responder a chamada em sala de aula. Foi um período muito bom, pois o grupo era muito sadio e incentivador.

Como estudava e precisava economizar, comprava roupas usadas nos brechós. Nunca me constrangi por isso e, atualmente, os brechós passaram a fazer sucesso e têm muitos adeptos. Quando as roupas não serviam, eu levava para uma amiga (querida Vaniza) que ajustava para mim. No banco, eu era muito elogiada pela minha elegância e, assim, vendia roupas que esta amiga me fornecia para as colegas e, com o lucro, eu comprava peças novas. Pense numa felicidade. Eram pequenas conquistas que me traziam uma forca enorme e me fortaleciam na fé, no crescimento pelas experiências que estava vivendo. Assim fui construindo amizades fortes e verdadeiras que mantenho até hoje.

Na área bancária, cresci rapidamente. Os ganhos melhoraram e, junto com eles, a carga horária. Isso exigia bastante, pois eu assumia muitas responsabilidades. Percebi que alguns problemas de saúde começaram a aparecer e, por conta disso, passei a ter um novo sonho escrito e visualizado: fazer minha carta de demissão e sair para cuidar de mim. Buscava mais liberdade, ser mais independente nas escolhas.

A oportunidade chegou em setembro de 1995, quando fui convidada a atuar numa empresa de marketing multinível na área do bem-estar, exatamente o que eu queria. Então, mesmo com forte oposição de parte da minha família, a ponto de cogitar um processo que seria movido para me deter, fiz minha carta e pedi demissão do banco, mas fui liberada apenas no início do ano seguinte.

Minha irmã, Leida, que morava no interior, ficou muito interessada e felizmente comprou a ideia comigo. Ficamos parceiras e amigas até hoje. Entendi que aquele era o negócio dos meus sonhos. Resgatei minha saúde, passei a fazer exercícios físicos, me alimentar melhor e fazer meditação. Tudo mudou e passei a não depender de químicos.

Rapidamente me destaquei muito na empresa. Realizei então mais dois sonhos escritos: trabalhar de forma autônoma e tive, pela primeira vez, uma foto minha publicada em uma revista, conforme havia sonhado quando criança. Passei a viajar pelo mundo; no primeiro e no segundo ano, viajei para Londres e três vezes para os EUA. As primeiras viagens de avião da minha vida! Imagine como eu me senti! A maravilha de ser premiada e poder viajar, participar de eventos e treinamentos de desenvolvimento pessoal com os tops do mundo (estive várias vezes na plateia de Jim Rohn, um dos maiores filósofos de negócios que já existiu). Passei por uma verdadeira metamorfose.

A visualização diária dos meus sonhos escritos, a sensação de vivê-los em detalhes, foi decisiva para que eu fosse realizando um a um. O foco e a fé de que eu conseguiria minha independência fez com que em quatro anos eu atingisse um nível na companhia que me trouxe a tranquilidade que eu precisava para ser mãe.

Sempre rejeitei a ideia de ser mãe e deixar meus filhos serem criados em creches. Eu queria estar bem profissionalmente para poder ficar com eles e escolher deixar eles na escola ou não, ou por um período apenas. Queria que eles se identificassem comigo, queria ver eles crescerem, ouvir as primeiras palavrinhas.

Agora, peço sua atenção, querido(a) leitor(a), para contar algo que impactou e impacta minha vida até hoje: no momento que me tornei mãe, passei pelo período mais difícil da minha vida. Tive depressão pós-parto séria com síndrome do pânico, o que me levou a tentar o suicídio duas vezes. Pensava em me atirar da janela... O que me impediu de realizar o intento era imaginar como meu filho se lembraria da própria mãe, como minha mãe se sentiria. Imaginar como seria se, após cair, eu não morresse, mas ficasse paraplégica, tetraplégica... Como seria olhar para meu filho e não poder abraçá-lo? Foi nesse período que minha querida mãe se mudou para minha casa para cuidar do meu filho, pois fiquei internada em uma clínica e submetida a fortes tratamentos por quase um ano.

Após esse período de internação, busquei terapias naturais e sempre me fortaleci através de orações. Encontrei valiosa ajuda em um médico acupunturista (era mês de agosto) e, com isso, tive forças para retomar a alimentação e usar os remédios corretamente.

Foi como um passe de mágica. Comecei me visualizar diariamente em uma situação totalmente diferente, feliz, bonita, recebendo os parabéns. Eu me enxerguei na roupa, coloquei som, cor, cheiro. Em noventa dias, eu era outra pessoa. Comemorei meu aniversário em dezembro com a casa cheia. Convidamos inclusive nossos padrinhos de casamento. Logo em seguida, engravidei novamente. Chegou então a Sofhia, uma luz que brilhou e entrou em casa nos dizendo que a fase triste havia acabado. Passei a viver um sonho real e materializado com muitos detalhes que já estavam escritos e visualizados.

Então, neste momento da minha narrativa, trago algumas perguntas: o que mais incomoda você? Do que depende tomar aquela decisão que você sabe que poderia trazer novas possibilidades profissionais, trazer mais vida para a sua vida? Quem sabe aventurar-se em algo totalmente novo que lhe obrigue a estudar e manter seu cérebro mais ativo? Quem sabe aprender a relaxar mais meditando, exercitar mais a gratidão? Seria um trabalho social? Fazer a diferença na vida de idosos e crianças carentes.

Qual seu maior desejo, aquele que não sai de sua mente? Se eu, uma menina vinda do interior com timidez exacerbada, consegui superar tantos desafios e, hoje, consigo ajudar tantas pessoas com o meu trabalho, acredito que você também consiga superar os seus. Você pode a partir de hoje dar o primeiro passo para a mudança que quer trazer para sua vida. Você pode, sim, através do que eu trouxe, mudar a sua realidade. Vem comigo e lhe ensinarei o passo a passo e você poderá ver “milagres” se materializando na sua vida.

Vamos juntos!

"A visualização diária dos meus sonhos escritos, a sensação de vivê--los em detalhes, foi decisiva para que eu fosse realizando um a um."

Odete Maria Lovison

Rosane Verardo Bortoli

Meu nome é Rosane Fátima Verardo Bortoli, 53 anos, nasci em Santo Antônio/PR e moro em Sorriso/MT com meu esposo Aldocir José Bortoli, com quem tenho uma filha e sou casada há 35 anos. Cresci em uma casa cheia, rodeada por nove irmãos. Como uma das filhas mais velhas, a responsabilidade se impôs sobre mim desde cedo.

Minha jornada começou bem antes de eu me tornar mãe ou esposa, e foi marcada por muitos desafios. Porém, foi através da superação dessas adversidades que encontrei minha verdadeira vocação. Hoje sou uma empreendedora de sucesso, dona do meu próprio negócio. Já ministrei palestras em vários estados do Brasil, contando minha trajetória e ensinando como empreender.

Ao longo deste capítulo, vou contar minha história que é um testemunho de que, com determinação e paixão, é possível transformar dificuldades em realizações.

bortolirosane

+55 (66) 99637-6090

rosanebortolii@hotmail.com

14

A DUREZA MOLDA A FORÇA

Por Rosane Verardo Bortoli

O começo de tudo

Minha história começa longe dos holofotes, em um canto remoto e simples do Paraná. Cresci em uma família de nove irmãos, onde a escassez nos ensinou a dar valor ao que realmente importa. Minha infância foi para mim um período de brincadeiras e descobertas, mas também tempo de responsabilidade precoce. Não tive a oportunidade de estudar além da 4ª série, a vida exigia que, desde cedo, eu estivesse ao lado de meus pais e irmãos no trabalho na roça.

Em 1986, quando eu ainda era tão jovem, 14 anos, meus pais decidiram buscar uma nova vida em Mato Grosso, mas o que encontramos foi uma realidade ainda mais difícil. O garimpo, onde fomos trabalhar, revelou-se um mundo de sobrevivência, onde a precariedade era a única certeza. Durante esses anos, as condições foram difíceis. Morávamos em um barraco de lona, sem eletricidade e sem água encanada. Cada dia era uma luta silenciosa. Eu cozinhava para os trabalhadores. Longe de ter uma vida confortável, enfrentamos a precariedade da rotina no garimpo por vários anos.

Em 1989, casei-me e, junto de meu marido, continuei a luta no garimpo; vivemos mais seis anos nesse ciclo exaustivo. Durante esse período, meu marido também exerceu outra profissão; ele trabalhou como caminhoneiro por muitos anos. Eu também buscava de alguma forma complementar a renda e conquistar uma autonomia financeira, então dediquei-me a fazer crochê. E, acredite, mesmo nas trevas, há sempre uma luz que brilha. Em 1994, a minha luz veio com a chegada da nossa filha Camila. Seu nascimento trouxe uma alegria inédita; com a sua chegada, o fardo parecia um pouco mais leve.

A virada

Já morávamos em Sorriso/MT há quatro anos, quando, em 2000, minha vida deu uma reviravolta inesperada. Conheci uma oportunidade de negócio que me foi apresentada pelos meus primos Rosilei Bortoli e Alderi Ianoski. Uma oportunidade que prometia mais do que ouro: a chance de empreender, de levar saúde às pessoas e, quem sabe, construir algo verdadeiramente nosso. Com nada além de uma bicicleta como meio de transporte, comecei minha jornada. Com o vento em meu rosto e a esperança no coração, eu partia para as ruas, sem celular ou telefone, apenas meu produto e um sorriso confiante. As casas, uma a uma, se tornavam meu palco. Na maioria das vezes, a insegurança se fazia presente, mas a determinação sempre falava mais alto. Algumas portas se abriam, outras se fechavam, mas eu não permitia que o desânimo me consumisse. A cada "obrigada" recebido, eu sentia como se tivesse vencido uma batalha e, com isso, encontrava forças para o próximo desafio. O caminho não era fácil. Mas sempre que eu olhava para aquele guidão, via não apenas uma bicicleta, mas um sonho sendo construído.

Ao longo dessa jornada, enfrentei muitos desafios que testaram minha força e resiliência. Houve dias em que a dúvida se infiltrava em minha mente, mas o amor e o apoio do meu marido me davam a coragem necessária para seguir em frente. Juntos, enfrentamos noites em claro, planejando o futuro, sonhando e traçando estratégias. A união da nossa força de vontade e o compromisso mútuo nos impulsionou a buscar novas oportunidades, aprender habilidades e superar obstáculos. O apoio dele era fundamental, não só nas tarefas diárias, mas também nas inseguranças e nos medos que surgiam ao longo do caminho.

Esse novo empreendimento nos levou a lugares que eu jamais sonhara visitar. Tive a oportunidade de fazer várias viagens com a minha família, tanto no Brasil como no exterior. Imagine uma mulher simples, com pouco estudo, embarcando em uma viagem para Paris apenas seis meses após iniciar seu negócio. Foi isso que aconteceu. Ali, em uma cidade onde não entendia o idioma, senti que estava no caminho certo. Aquela viagem foi um marco, uma prova de que, apesar de todas as adversidades, eu estava trilhando o caminho certo.

Eu sempre digo que essa oportunidade de negócio foi a minha "faculdade". Foi através dela que recebi treinamentos valiosos, inclusive internacionais. Tive a oportunidade de estar na frente de Jim Rohn, um filósofo que foi muito importante para o meu desenvolvimento, pois ele costumava falar muito sobre a vida, sobre desafios e sobre a responsabilidade que cada um de nós tem de moldar seu próprio destino. Tem uma frase dele que gosto muito e está gravada em minha mente para sempre, que diz: "Eu certamente espero que as coisas mudem. Então aprendi que o único modo de as coisas mudarem para mim é quando eu mudo." Essa simples afirmação teve o poder de desbravar meu entendimento sobre a vida. As palavras de Jim sempre foram como um combustível para mim. Esperar pelas mudanças do mundo externo é um erro. Se eu quisesse que as coisas fossem diferentes, eu precisava ser diferente.

Minha jornada profissional não é apenas uma carreira; é uma missão que se entrelaça com a minha vida pessoal. Ao meu lado, está a minha filha, que, após concluir a faculdade de Nutrição, decidiu compartilhar essa trajetória comigo e, juntas, estamos moldando um futuro em que a saúde é prioridade. Quando viajamos a trabalho, cada destino se transforma em uma nova aventura. Explorar diferentes cidades e culturas, sempre em busca de inovação e conhecimento, fortalece nossos laços. Esses momentos não têm preço: entre reuniões, cursos e *workshops*, encontramos tempo para rir, compartilhar histórias e apreciar a beleza das pequenas coisas que vivenciamos juntas.

O ano das perdas

A repetição e a persistência dos ensinamentos que recebi foram fundamentais para o meu crescimento. Hoje, ao olhar para trás, vejo o quanto conquistei, mesmo com todas as limitações. Minha vida mudou completamente. Tenho mais saúde, conhecimento e, acima de tudo, uma vida confortável e tranquila, que sempre desejei para mim e minha família. Conquistamos carro e casa própria; hoje temos um pequeno sítio e pudemos proporcionar à nossa filha a educação que eu nunca tive: uma educação superior.

Com muito orgulho, vimos a Camila se formar na faculdade e, como pais, tivemos a alegria de proporcionar a ela não só essa conquista, mas também a realização de outro grande sonho: seu casamento. Cada sorriso compartilhado naquele dia especial, foi possível graças ao fruto do nosso trabalho. Saber que conseguimos pagar por esse momento tão significativo nos enche de alegria e gratidão. Tudo isso foi possível graças a oportunidade que agarrei com todas as minhas forças, a mesma oportunidade que, no início, parecia apenas mais um desafio em meio a tantos outros.[1] No entanto, como a vida é feita de altos e baixos, o ano de 2018 me desafiou de uma forma que eu nunca poderia imaginar. Foi um ano de emoções intensas, uma enxurrada de alegrias e tristezas.

Vi minha filha se formar e se casar, realizando dois sonhos que sempre guardei em meu coração. Mas, logo depois, a vida me trouxe perdas dolorosas: minha mãe foi diagnosticada com câncer terminal e, em apenas 72 dias, ela partiu.

Na mesma semana, perdi um irmão de forma muito cruel, assassinado. Duas perdas devastadoras em apenas oito dias. Enquanto me alegrava com as conquistas da minha filha, uma tristeza profunda tomava conta de mim, me levando a uma depressão tão intensa que tentei, por mais de uma vez, tirar minha própria vida. Mas Deus tinha outros planos para mim. Com o apoio incondicional da minha rede de apoio, comecei a trilhar um longo caminho de tratamento. Hoje, posso dizer que venci essa doença cruel, que afeta a mente de uma forma que só quem passa por isso pode entender.

Gratidão e reflexão

Tudo o que vivi me tornou mais forte, e sou imensamente grata pela pessoa que me tornei. Agradeço ao meu marido, à minha filha e aos amigos que estiveram ao meu lado em todos os momentos, bons e ruins. Há dias em que acordamos desanimados, refletindo sobre os desafios que a vida nos impõe e nos questionamos se estamos fazendo as escolhas certas. Mas há algo poderoso em compartilhar nossas histórias. Quando nos abrimos, nos ouvimos, nos reconhecemos na dor e na alegria do outro, isso nos faz sentir menos sozinhos, menos vazios. Lidar com nossas vulnerabilidades exige coragem. Ao enfrentá-las, aprendemos a ser mais resilientes e a

1 Os resultados obtidos por mim não representam nenhuma garantia de rendimento nem são típicos, apenas possibilidades.

encarar desafios de cabeça erguida, o que nos torna mais autênticos em nossa jornada.

É por isso que estou muito feliz em estar aqui compartilhando um capítulo da minha vida com vocês, expondo todas as minhas vulnerabilidades, pois acredito que quando somos capazes de compartilhá-las, podemos inspirar outras pessoas a fazerem o mesmo. Isso cria um ciclo de autenticidade e coragem, em que todos se sentem mais à vontade para serem quem realmente são. Se minha história pode tocar você de alguma forma, que seja para acender a chama da coragem, pois é isso que nos torna capazes de criar um futuro repleto de possibilidades. Nunca pare de sonhar. O melhor ainda está por vir.

Finalizo deixando esse versículo que carrego sempre comigo: “A vida é uma sequência de desafios, cada um deles um convite à transformação. Cada obstáculo traz uma nova chance de reescrever nossa história. Porque, para Deus, nada é impossível” (Lucas 1:37, ARA). Este é apenas um capítulo da minha vida, um resumo de muitas partes importantes dela, que tenho a felicidade de compartilhar com vocês. Minha eterna gratidão à minha prima Rosilei, que me convidou para participar deste projeto lindo e inspirador. Meus mentores diretos Darlei e Ariana Bortoli, clientes e distribuidores. E agradeço de coração à minha filha Camila, cuja ajuda foi essencial para a escrita deste capítulo. Sou grata por cada palavra que construímos juntas e por sua presença constante em minha vida.

Referência bibliográfica

ROHN, J. Frases de Jim Rohn. Pensador. Disponível em: https://www.pensador.com/frase/NTY4MDkw/. Acesso em: 26 out. 2024.

“Nunca desista dos seus sonhos.”

Rosane Verardo Bortoli

Rosilei Bortoli

Sou Rosilei Bortoli Ianoski, 54 anos, nasci no RS e resido em Chapecó/SC.

Iniciei minha carreira profissional como empregada doméstica, fui auxiliar de secretaria na Universidade de Passo Fundo (UPF) e professora de Matemática e Física.

Há 27 anos, atuo como empreendedora numa empresa de marketing multinível na área de nutrição, vida saudável e ativa. Exerço vários papéis: filha; irmã; esposa; mãe do coração da Anabella, uma menina autista. Sou vendedora, mentora, *coach*, professora, educadora, escritora e palestrante. Já palestrei em várias cidades do Brasil e exterior.

Busco o conhecimento em várias áreas: autoconhecimento, inteligência emocional para uma mentalidade de riqueza, finanças, empreendedorismo, evoluir e ajudar pessoas mudarem de vida com o desenvolvimento pessoal.

rosileibortoli

+55 (44) 99128-5227

15 CRIE NOVAS POSSIBILIDADES E FAÇA O QUE PRECISO FOR

Por Rosilei Bortoli

Sou movida a desafios e a realizar sonhos. Escrever o primeiro livro foi um sonho; idealizar este que você tem em mãos, com 23 mulheres, além de um sonho, foi um desafio que me enche de orgulho e gratidão. Sim. Quanto orgulho sinto de mim mesma!

Aproveito para algumas reflexões:

- Como você tem visto suas conquistas?
- Quanto você tem se valorizado?
- Quanto você é fã de você mesma?

Aproveite a leitura para olhar para sua história e ver como você é vencedora. Deus, família e trabalho são minha base e, por esse motivo, primeiro, preciso agradecer a Deus, pois, sem ele nada seria possível. Nele busco forças para continuar, é Ele quem me guia todos os dias. Agradeço aos meus pais Zaira e Honorino Bortoli pelo exemplo de persistência e determinação, por terem sido pais exigentes, me inspiraram a sempre fazer o meu melhor em qualquer situação. Pelos meus irmãos Roseli, Darlei e Simara sou grata pela vida de cada um e pelo exemplo que são para mim. Ao meu marido, Alderi Ianoski, gratidão pelo seu amor, generosidade, paciência, por me inspirar, me motivar e me encorajar na realização dos meus projetos. À minha filha Anabella, que chegou com 43 dias revolucionando nossas vidas, minha gratidão por ser meu maior aprendizado. A cada um que de uma forma ou outra contribuiu na minha jornada e a você, leitor, minha gratidão.

Quando olho para minha vida hoje com liberdade de tempo, liberdade geográfica e de agenda, tenho certeza de que tudo o que precisei fazer e passar para chegar até aqui valeu a pena, pois nesses 54 anos já realizei muito mais do que sonhei para minha vida toda. Para isso acontecer, precisei fazer escolhas desde muito cedo. Aprendi que eu precisava fazer o que era necessário ser feito, e não simplesmente o que eu gostava, pois nem sempre é sobre o que gostamos, e sim sobre o que precisa ser feito.

Sempre tive um desejo ardente de mudar de vida. Desejo ardente é um dos principais princípios para o sucesso em qualquer área da nossa vida. Ter clareza do que queremos da vida, do negócio, da família, da saúde é de fundamental importância, e depois, aprender o que precisa ser feito para gerar o resultado esperado e se pôr em ação.

"Se um homem não sabe a que porto se dirige, nenhum vento lhe será favorável" (Sêneca).

Eu, pessoalmente, queria ser, ter algo a mais e não somente o que um salário poderia me dar. Para isso eu precisava fazer algo diferente, pois aprendi que se eu fizesse sempre o mesmo eu teria mais do mesmo.

Aos 14 anos, fui para o convento e lá fiquei por dois anos. Depois fui trabalhar como empregada doméstica, pois queria continuar meus estudos realizar o sonho de fazer uma faculdade. Na época, meus pais estavam passando por uma crise financeira e não podiam me ajudar. Então decidi que seria por minha conta. Ser empregada doméstica me possibilitava ter onde morar, ter comida na mesa e o que eu ganhava dava para sobreviver, pagar as necessidades básicas. Eu sabia que não ficaria para sempre onde eu estava, era temporário, pois eu tinha clareza de onde eu queria chegar. Nessa época, ficava de segunda a segunda em casa; vejo que não vivi minha juventude. Minha situação financeira não me possibilitava fazer muitas coisas naquele momento. Fui conhecer o cinema no 3º ano do 2º grau, quando precisei assistir a um filme para um trabalho de literatura. Minha mãe era quem costurava minhas roupas e ela sempre ajudava naquilo que podia.

Depois fui trabalhar meio turno como empregada doméstica. No segundo turno, era bolsista na faculdade e à noite cursava o curso que eu podia pagar. Nessa época, eu tomava café para passar a fome, pois eu não tinha dinheiro para o lanche da tarde. Eu não podia me dar ao luxo de sair na hora do intervalo, pois eu morava do outro lado da cidade e meus vales-transportes eram contados. Se eu saísse na hora do intervalo, seriam três, e a conta não fecharia. Tudo era muito limitado.

Lembro-me do meu pai questionar: "Se você não tem dinheiro, para que vai estudar?". Era por não ter dinheiro que eu precisava estudar. O conhecimento nos leva a lugares inimagináveis. Preparação é poder! Tudo começa com o conhecimento, depois seguimos colocando em prática e, através da repetição, é que adquirimos a competência em qualquer área, seja no esporte ou nos negócios. Em seguida, consegui ser funcionária da UPF, que me possibilitava uma bolsa de estudos de 75% e o salário era melhor, pagava as necessidades básicas de uma estudante.

Sou muito grata às pessoas que passaram no meu caminho e me estenderam a mão. Lembro-me de uma época que adoeci devido ao estresse, e professores me ajudaram com dinheiro para comprar as medicações que eu precisava. Nos finais de semana que passava na casa da tia Noeli e tia Jacira, em Erechim/RS, era a oportunidade para comer melhor e ter um lugar para estudar com mais tranquilidade. Ainda vejo a tia Jacira e o tio Constante me dando dinheiro para pagar a passagem de volta, o professor Geraldo e a dona Terezinha me levando para jantar em sua casa, para que eu tivesse um momento família, pois eles sabiam o quanto eu sentia falta de estar com a minha. Minha amiga Zize fazendo vaquinha na sala de aula para me ajudar, a Vera, colega de trabalho, emprestando seu tênis e mandando concertar o único que eu tinha. E assim, com ajuda e dentro da minha realidade financeira, realizei o sonho de fazer uma faculdade.

A formatura foi o momento de maior conquista pessoal, mas foi preciso enfrentar e superar as dificuldades para passar de nível. Há duas formas de encarar as dificuldades: uma se fazendo de vítima, culpando os outros ou as circunstâncias; a outra enfrentando-as. Não é o que acontece, mas o que faço com o acontece. "Não importa o que fizeram com você. O que importa é o que você faz com aquilo que fizeram com você" (Sartre).

Nesse momento, quero compartilhar com você a jornada do empreender. O ponto de partida dessa jornada surgiu quando eu e meu marido éramos recém-formados, começando nossa vida profissional: eu como professora de Matemática e Física, e ele como professor na área das humanas. Éramos recém-casados nos adaptando a vida a dois, cada um trazendo suas crenças em relação a tudo. Vida financeira limitada, contraímos dívidas para comprar nossa casa de 70 m^2. Meu marido tinha problema com bebidas, ou seja, vida bem conturbada, mas com muitos sonhos e um desejo ardente de mudança. Então surgiu a oportunidade de empreender para realizar sonhos, ter liberdade de tempo, de agenda, geográfica e viajar, que era e continua sendo um dos nossos maiores sonhos (desfrutar).

Éramos dois improváveis. Sem conhecimento, sem experiência no empreendedorismo, mentalidade de empregado, mas tínhamos o mais importante: fé, desejo ardente de mudança e sabíamos que os resultados dependiam do nosso próprio esforço.

Nesse momento, nos associamos a pessoas que estavam onde queríamos chegar, participamos de treinamentos proporcionados pela própria empresa, seminários, treinamentos sobre liderança e desenvolvimento pessoal com o renomado filósofo empresarial Jim Rohn, no Brasil e no exterior, e com muitos outros treinadores. Associado a isso, lemos livros, assistimos a filmes, vídeos, fizemos imersões, mentoria, processo de *coaching*, terapia, formação de coach. Também fiz formação em Inteligência emocional e financeira, PNL e outros.

Acredito que o conhecimento nos engrandece e as oportunidades estão aí, é preciso se preparar. Lembro-me do primeiro treinamento que participei ao vivo com Jim Rohn, onde ele me ensinou que "o aprendizado é o início para a riqueza, a saúde e a espiritualidade".

Como diz Bob Knight, citado pelo treinador Bernardinho, em seu livro *Transformando suor em ouro*: "A vontade de se preparar precisa ser muito maior que a vontade de vencer. Vencer será consequência da boa preparação". No primeiro momento, precisamos adiar o prazer imediato, como festas de família, viagens mais simples por algo maior, que foram viagens no Brasil, viagens internacionais, cruzeiros; realizamos o sonho de morar bem, ter bons carros. Isso tudo aconteceu por termos tomado a decisão, persistido, pois a colheita não vem para quem precisa, mas para quem planta.

Fazendo o caminho de volta fiquei pensando em tudo o que me trouxe até aqui. Primeiro foram os exemplos dos meus pais, com eles aprendi o que fazer e o que não fazer. Quando eles estavam passando por um inverno financeiro, vi eles se reinventarem. Meus pais trabalhavam na agricultura e meu pai, para aumentar a renda, foi trabalhar com vendas. Vendia máquinas, quadros, montou uma revenda de máquinas agrícolas e por fim uma venda. Minha mãe depois que saiu da agricultura se reinventou e foi ser costureira, sendo até hoje com 78 anos a costureira da cidade.

A atividade profissional determina o padrão e o estilo de vida. Quando você quer liberdade, você não pode ser empregado, pois terá que cumprir horário determinado pelo empregador e assim também será com seu salário. Ao passo que o empreendedor passa ser dono da sua agenda e os ganhos são determinados pelo seu esforço e, no nosso modelo de negócio, podemos multiplicar nossas horas através da construção de uma organização formada por pessoas que também serão empreendedoras e receber pela produtividade da organização através do plano de compensação da empresa.

O empreendedor deixa de ter um patrão e passa a ser seu próprio patrão, o que é bom e ruim ao mesmo tempo. Então, para obter sucesso, a disciplina diária de fazer as coisas que lhe levarão ao sucesso é fundamental. “A disciplina é a ponte entre os objetivos e a realização” (Jim Rohn).

Se você está insatisfeita com sua carreira, com sua perspectiva em relação a sua vida profissional, é preciso uma dose extra de motivação, um desejo ardente de mudança, ter clareza do que você deseja, foco, disciplina, autorresponsabilidade, sair da zona de conforto, investir em você mais do que no seu próprio negócio, não só na aparência, mas em conhecimento, pois não é o que sabemos que nos limita, e sim o que não sabemos, portanto, é no autoconhecimento que começa o empoderamento.

Estou aqui para ajudar você. Conte comigo!

Referências bibliográficas

SÊNECA. Frases de Sêneca. Pensador. Disponível em: https://www.pensador.com/frase/NTI0NTAx/. Acesso em: 27 set. 2024.

SARTRE, J. P. Frases de Jean Paul Sartre. *Pensador*. Disponível em: https://www.pensador.com/frase/NDEzODY1/. Acesso em: 27 jul. 2024.

BERNARDINHO. *Transformando suor em ouro*. São Paulo: Sextante,2006.

ROHN, J. 100 citações de Jim Rohn que você nunca vai esquecer. *Ranktracker*. Disponível em: https://www.ranktracker.com/pt-br/blog/jim-rohn-quotes/. Acesso em: 27 set. 2024.

HORTA, J. *O empoderamento começa no autoconhecimento*. Juiz de Fora: Perenzin, 2024.

"Crie novas possibilidades, saia da zona de conforto. Empreenda com persistência e disciplina, elas levarão você a lugares nunca sonhados."

Rosilei Bortoli

Samira Contreira

Meu nome é Samira Verardo Contreira, mulher determinada, destemida e iluminada, uma influenciadora nata. Nasci em Dois Vizinhos/PR e vivo em Sinop/MT há 21 anos. Sou casada com Volmir J. Contreira, mãe de três meninos e avó da Valentina, de 6 meses.

Sou empresária, mentora, escritora e especialista em transformação corporal há dezesseis anos, guiando mulheres a adotarem um novo estilo de vida. Centenas de mulheres participam diariamente das minhas empresas e atividades físicas. Técnica em Patologia, busco prevenir doenças com hábitos saudáveis. Também ajudo mulheres a conquistar independência financeira por meio do marketing multinível, impactando a saúde corporal, mental e espiritual.

samiracontreira

+55 (66) 9617-9294

samirasnp@hotmail.com

Mulheres de impacto

16 INTELIGÊNCIA EMOCIONAL NOS NEGÓCIOS

Por Samira Contreira

O começo

Ao olhar minha história de um panorama mais amplo, percebo que poderia ser considerada uma mulher improvável. Venho de uma pequena cidade, com poucos recursos, de uma família grande, sem nenhum estudo e sem grandes expectativas de uma vida diferente. Sou a caçula de oito filhos e nasci no Paraná. Com 1 ano e meio, me mudei para Mato Grosso. Cresci em Terra Nova do Norte, uma cidade pequena, onde meu pai trabalhou como garimpeiro, na roça, camelô e corretor. Minha mãe era dona de casa. O dom de vender e me comunicar veio do meu pai, e comecei a desenvolver essas habilidades cedo. Trabalhei como babá e empregada doméstica. Embora não nos faltasse o básico, eu queria ser independente, ter meu próprio dinheiro para cuidar de mim, comprar roupas, fazer minhas unhas e o cabelo.

Aos 14 anos, consegui meu primeiro emprego com carteira assinada como menor aprendiz em uma loja de confecções e eletrodomésticos. Logo percebi que seguir ordens e uma rotina rígida não seria meu futuro, mas permaneci nesse trabalho por quatro anos. Foi lá que conheci meu esposo, Volmir. Namoramos por dois anos, nos casamos e eu vim para Sinop. Só aos 17 anos concluí o Ensino Médio. Até então, eu era apenas uma menina do interior, mas estava prestes a enfrentar grandes desafios: me adaptar à vida de casada, administrar uma casa e me locomover em uma cidade maior. Também tirei minha carteira de motorista nessa época.

Buscando independência financeira, eu me lembrava da minha mãe pedindo dinheiro ao meu pai para fazer coisas pequenas, o que me causava desconforto e me levou a entender o impacto disso na minha vida financeira. Comecei a trabalhar em uma loja e me aperfeiçoei fazendo cursos. **Assim, iniciei minha trajetória no mundo das vendas**. Sempre fui autodidata, buscando conhecimento, mesmo sem o sonho de fazer faculdade. Aos 19 anos, tive meu primeiro filho e decidi ficar mais em casa. Fiz um curso de manicure e comecei a trabalhar em casa. Depois de um ano, fui trabalhar como agente comunitária de saúde. A experiência me provou que o funcionalismo público não seria uma opção para mim. Apesar de não gostar do funcionalismo público, fiquei no cargo por quatro anos devido ao amor que sentia em ajudar as pessoas.

Insatisfeita com minha renda, fui apresentada ao marketing multinível pela minha irmã, Rosane Bortoli. O que era para ser uma renda extra tornou-se uma decisão fundamental que mudou minha vida. Não mais focada em tratar doenças, mas me tornei uma **agente de transformação corporal e promovi um estilo de vida saudável**. No primeiro mês de vendas, ganhei mais do que recebia no cargo público e descobri o empreendedorismo como um caminho sem volta. A cada mês, via meu esforço se traduzir em altos faturamentos, e minha busca por conhecimento crescia a cada dia. Onde outros viam dificuldades, eu enxergava oportunidades.

Dentro do marketing de rede, construí meu primeiro negócio. Em cada treinamento, viagem e conexão, busquei a excelência profissional. Não queria ser apenas mais uma, decidi ser a melhor. Construí um legado ao longo de dezesseis anos. O marketing multinível tem a vantagem de oferecer uma estrutura organizacional com treinamentos e ferramentas, facilitando a entrada no empreendedorismo, quase como uma "faculdade" de negócios. Diferente de começar uma empresa do zero, em que você tem que desenvolver produtos e marcas do início, o marketing multinível já oferece uma gama de recursos prontos para quem quer crescer em faturamento e níveis de rentabilidade comprovados.

Além das comissões, há premiações em produtos, viagens, cruzeiros e joias. **Essas conquistas me inspiravam a encarar o**

empreendedorismo como um desafio constante, mais que motivação, era inspiração. Porém, empreender não é fácil. Pode parecer que tudo foi lindo e repleto de alegrias, mas empreender envolve muitos desafios. É preciso muita determinação e foco, pois a vontade de desistir surge com frequência.

Deixo aqui o início da minha jornada e a decisão que virou o jogo. Algo essencial que aprendi foi ter ao meu lado pessoas melhores que eu. No começo, pude contar com minha irmã, que me incentivava e servia como modelo. Construímos nosso sucesso ao lado de pessoas, jamais sozinhas. Hoje, sou referência para muitas mulheres que acreditavam não ser possível equilibrar maternidade, empreendedorismo, saúde e vida social. **Se eu consegui, você também consegue!**

Autoconhecimento e desenvolvimento emocional

Há dois anos, atingi um novo teto profissional. Aliás, sou conhecida pelos meus ciclos de mudanças recorrentes a cada dois anos. Cresci tanto na empresa que precisei expandir para o digital, contratar mais colaboradores e aceitar o meu nível de influência e impacto na vida das pessoas. Porém, precisei de auxílio emocional para enxergar o quanto eu havia evoluído. Eu não era mais apenas uma representante de uma marca, mas alguém em quem as pessoas se inspiravam. **Elas desejavam ter um estilo de vida inspirado pela Samira**. Foi então que compreendi que a verdadeira marca era a minha própria história.

Nesse período, encontrei apoio no digital, mas faltava algo: minha identidade. Eu não parava para cuidar de mim, da Samira interior. Entrei no ciclo de muitos empresários, usando o trabalho como refúgio. Eu me realizava ali, cumpria as promessas que fiz a mim mesma, alcançava metas e me sentia necessária. Mesmo indo para casa almoçar com minha família, pois sempre fiz questão de cozinhar para ela, logo voltava ao trabalho e só retornava tarde da noite. A mudança veio com uma mentoria para desenvolver minha inteligência emocional, em que percebi a Samira que eu mesma não enxergava.

Ao iniciar a mentoria, acreditando que tudo estava perfeito, fui confrontada com conceitos novos: **autorresponsabilidade e visão sistêmica**. Descobri que eu era a única responsável pela vida que estava levando e que, se uma área estivesse em desequilíbrio, afetaria todas as outras. Para crescer profissionalmente, precisei primeiro olhar para mim mesma e para minha família. Esse processo começou com a mudança na minha motivação. Isso me trouxe clareza sobre quem eu realmente era e revelou meu verdadeiro propósito de vida.

Só cresce quem se enfrenta

Minha principal motivação para trabalhar era ter dinheiro para fazer o que eu desejava: sair com as amigas, comprar roupas e sapatos, ir ao mercado sem precisar de lista. Naquela época, eu não guardava, não investia e não conseguia gerar mais dinheiro. Sempre que precisava de uma quantia maior ou queria fazer um investimento, acabava recorrendo ao meu marido. Isso causava brigas com ele, pois, não importava quanto eu ganhasse, nunca sobrava nada. Passei a perceber que, inconscientemente, eu estava replicando padrões da minha infância. Cresci vendo minha mãe dependente do meu pai e prometi a mim mesma que nunca seria assim. Trabalhei para gastar, o que gerou problemas no meu casamento. Enxerguei que a raiz desse resultado estava na minha infância.

Com o tempo, percebi que estava repetindo o padrão de dependência da minha mãe e, inconscientemente, via meu marido como a figura de autoridade do meu pai, que limitava o dinheiro ao básico. Precisei perdoar os meus pais por estes significados emocionais infantis e me libertar dos vícios comportamentais e emocionais de "trabalhar para gastar".

Com o apoio da mentora em comportamento e emoção, Rafaela Rigoto, em doze sessões fui capaz de dar novos significados a esses traumas e comportamentos, com as ferramentas corretas. O trabalho havia se tornado meu refúgio para fugir dos problemas familiares. Precisava perdoar meus pais pelos padrões que se instalaram na minha vida e, com isso, mudar minha mentalidade. Esse processo trouxe à tona quem eu realmente sou: **Samira, uma mulher amada, determinada e merecedora de viver o melhor dessa vida.** Percebi que fui desejada e sonhada por Deus, que Ele tinha um plano para mim e que todas as dificuldades que enfrentei serviram para me transformar em uma agente de transformação na vida de milhares de mulheres. Somos quem somos por causa dos obstáculos que superamos, dos fracassos que recomeçamos e sucessos que conquistamos!

Ao desenvolver meu emocional, trouxe meu marido para atuar ao meu lado nas empresas. Ampliei exponencialmente meu negócio atual, abri mais duas empresas, com faturamento superior às anteriores. Em um ano, li mais de dezoito livros, fiz consultorias no SEBRAE, conheci dois países, passei a viajar com minha família duas vezes ao ano, desfrutando. Meus filhos também trabalham comigo e hoje cumpro minha missão de transformar a vida de milhares de mulheres.

Minha história prova que as mulheres podem e devem impactar suas vidas, famílias e muitas outras pessoas que esperam pela sua voz para despertá-las e realizar seus sonhos.

*"Somos quem somos
por conta de todos
os obstáculos que
superamos, fracassos que
recomeçamos e sucessos
que conquistamos!"*

Samira Contreira

Simone Tres Rossetto

Meu nome é Simone Tres Rossetto, tenho 47 anos, resido em Lucas do Rio Verde/MT com meu esposo Renato, com quem sou casada há 23 anos, e com nossos filhos: Lívia, de 15 anos, e Lucas, de 10.

Sou formada e pós-graduada em Matemática. Atuo há 22 anos no segmento de bem-estar em uma empresa de marketing multinível como empreendedora e palestrante. Tive a oportunidade de ser treinada por palestrantes internacionais, como Paul Zane Pilzer, Jim Rohn, T. Harv Eker.

Amo viajar com a família e conhecer lugares maravilhosos. Meu propósito de vida é evoluir e ajudar outras pessoas a serem protagonistas de suas histórias, seja na área física, mental, financeira ou espiritual.

simone3rossetto

+55 (65) 99963-7954

simonetresrossetto@gmail.com

Mulheres de impacto

17 UMA TRAJETÓRIA DE SUPERAÇÃO E PROPÓSITO

Por Simone Tres Rossetto

A vida é uma verdadeira "caixinha de surpresas". Essa metáfora frequentemente utilizada nos lembra que o inesperado é uma constante em nossa existência. Quando recebi o convite para ser coautora deste livro, estava em meio a uma viagem de cruzeiro com minha família. O convite chegou como uma surpresa inesperada e, de imediato, uma enxurrada de perguntas e emoções tomaram conta de mim. "Por que eu?" Foi a primeira pergunta que surgiu. Mas, rapidamente, a resposta se clarificou: "Por que não eu?". Esse convite não era apenas uma oportunidade, mas um alinhamento com meu propósito de vida: ser uma contribuição positiva para os outros.

Ao refletir sobre minha jornada, percebo que minha história pode inspirar e motivar os leitores a alcançarem novos saltos em suas vidas. Sou grata primeiramente a Deus, pela minha vida, pela vida dos meus pais Nilce e Ilírio, que sempre foram meu porto seguro, por meus irmãos: Silvana, Marcelo e Matheus, pela minha família amada, meu esposo Renato Rossetto e meus filhos Lívia e Lucas, por todos os meus familiares e ancestrais e a todos que cruzaram meu caminho. Cada um teve um papel importante, ajudando-me a evoluir, aprender e me tornar mais forte.

Cresci em Três Palmeiras, uma pequena cidade no Rio Grande do Sul. Minha família, de origem italiana, sempre foi o alicerce da minha vida. Meus pais, modelos de dedicação e compromisso com a comunidade. Meu pai, fotógrafo e agricultor, e minha mãe, professora e funcionária pública por muitos anos, trabalharam incansavelmente para que a cidade fosse emancipada.

Minha infância foi maravilhosa, plena, cheia de brincadeiras e de um convívio saudoso com amigos e familiares. Sempre fui muito determinada e estudiosa. Depois do Ensino Fundamental, aos 14 anos, enfrentei um dos maiores desafios da minha vida ao decidir cursar o Ensino Médio Profissionalizante de Magistério, na cidade de Rondinha/RS. Primeiramente, precisei ser aprovada em um teste para conseguir a vaga. Meu pai me levou e também algumas amigas e, enquanto percorríamos de carro o trajeto de 32 km até a cidade, algo dentro de mim dizia que esse seria o meu destino. Lembro-me de estar sentada ao lado do meu pai, no banco da frente, quando comecei a me sentir insegura. Lágrimas começaram a cair dos meus olhos, e meu pai me apoiou, mas senti que aquele seria o primeiro "corte do cordão umbilical". Meus pais conseguiram que eu morasse em um internato para poder estudar. Eu e duas amigas fomos aprovadas, porém uma desistiu logo na chegada e outra ficou apenas uma semana no internato e desistiu também.

A decisão de morar em um internato das Irmãs Ursulinas foi um divisor de águas. A experiência foi marcada por um misto de insegurança e determinação. Sentia falta do conforto do lar e das amizades que deixei para trás. A rotina era rígida, incluía horários para rezar, trabalhar e estudar; foi difícil, mas essencial para meu crescimento. A necessidade de me adaptar, superar essas dificuldades, me preparou para enfrentar desafios futuros com resiliência, foco e disciplina, tornando-se um ativo valioso em minha vida.

Durante o tempo que morei no internato, participávamos de trabalhos voluntários em comunidades carentes. O sentimento de ajudar e de contribuir me tocou profundamente. Achava lindo o trabalho das irmãs religiosas, mas no meu coração sentia o desejo de constituir minha própria família, ter filhos e, mesmo assim, fazer trabalhos voluntários.

No ano seguinte, voltei a morar com meus pais. Como tinham mais estudantes na região, podíamos ir de kombi ou ônibus até a cidade de Rondinha. De manhã, eu ajudava na cozinha do restaurante da família e à tarde estudava. Ao concluir o curso, fiz um estágio de seis meses na Escola Estadual de 1º e 2º grau José Antônio

Ferronato, na minha cidade, onde me dediquei intensamente. Meu esforço foi reconhecido, e fiquei com uma das melhores notas da turma e também fui premiada como Professora Destaque do Ano na minha cidade.

Na metade de 1995, já trabalhando como professora, comecei a cursar a Faculdade de Matemática em Palmas/PR, onde estudava uma semana intensiva por mês. No final do ano, conheci e comecei a namorar o Renato, ambos com 18 anos. Ele morava e trabalhava em uma cidade vizinha, Trindade do Sul/RS, e cursava à noite faculdade em Chapecó/SC. Nessa época, praticamente só nos víamos nos finais de semana, mas já planejávamos uma vida juntos depois de formados.

Em 2000, fomos a Lucas do Rio Verde/MT para participar do casamento dos primos do Renato. Meses depois, ele recebeu uma proposta para empreender nessa cidade no ramo de madeiras como sócio do seu tio Nelson Bassani. Aí, uma nova e decisiva escolha precisou ser feita: abrir mão da vida confortável e estável, onde já tínhamos tudo planejado, ou se aventurar em algo desconhecido e incerto, mas com perspectiva de crescimento? Foram dias de muita dúvida e incerteza. Por fim, decidimos que iríamos. Noivamos em setembro e nos casamos em 23 de dezembro de 2000, com 23 anos. Em janeiro de 2001, nos mudamos para Lucas do Rio Verde, levando nossa mudança toda em um ônibus de linha.

Dessa parte da minha história, o que eu trago de aprendizado é que "planos mudam". Muitas vezes, estamos com tudo desenhado em nossa mente, o que e como faremos as coisas, porém vem a vida e muda tudo, oportuniza novos caminhos para evoluirmos, nos tira da zona de conforto, e isso no momento não é bom, não é agradável, nos faz "sofrer", porém, no futuro, pode representar as melhores decisões que tomamos. No nosso caso, essa mudança para o Mato Grosso, apesar de na hora parecer o "fim do mundo", de estarmos nos afastando de tudo e de todos, possibilitou que meus pais e meus três irmãos, com suas famílias, viessem morar aqui no Mato Grosso e com melhores oportunidades e resultados financeiros.

Ao chegarmos na cidade, alugamos uma casa, conseguimos comprar alguns móveis e uma moto Biz usada para nos locomovermos. O Renato começou a sociedade na madeireira com o tio e eu comecei a lecionar, trabalhando em três escolas, sendo uma no interior do município. Durante os seis primeiros meses, viajava mensalmente ao Paraná para concluir minha pós-graduação, apesar do cansaço e das dificuldades. Ao terminar o curso, minha remuneração pouco mudou e, para complementar a renda, eu e meu esposo ministrávamos cursos nos finais de semana. No final daquele ano, ao visitar nossos pais no Sul, conhecemos uma empresa de marketing multinível que mudou nossas vidas. Começamos a consumir e revender os produtos, o que nos motivou a buscar mais informações sobre o negócio, ficamos encantados com as oportunidades de crescimento e perspectivas que a empresa oferecia, e começamos a empreender no segmento do bem-estar.

Inicialmente, trabalhávamos em tempo parcial, mas após participar de um evento com Paul Zane Pilzer, renomado palestrante de Tendências de Mercado, visualizamos nosso futuro. Foi quando eu decidi me dedicar em tempo integral como empreendedora. Optei por deixar minha carreira de professora, após sete anos, para atuar como professora de novos hábitos alimentares, ajudando as pessoas a alcançarem resultados físicos e financeiros. Dessa forma, poderia dar suporte adequado para clientes e para a equipe.

Mas nem tudo são flores; tive de superar desafios, aprimorar meu *mindset*, fazer escolhas difíceis, como a de ir morar em uma casa de madeira velha, sem conforto, no pátio da serraria para economizarmos. Mas, com a economia e o sucesso do negócio, conseguimos adquirir nosso primeiro carro, facilitando nosso trabalho e a nossa qualidade de vida e, após três anos e meio pudemos construir nossa primeira casa tendo mais formas de renda.

Às vezes, é necessário dar alguns passos para trás para pegarmos impulso e darmos saltos incríveis. Quando sabemos o que queremos, desejamos ardentemente e buscamos aprender e evoluir, as recompensas chegam. Para nós, nos possibilitou, além de melhoria financeira, viver novas experiências como: jantares de gala, cruzeiros, *resorts*, viajar para países como Japão, Estados Unidos e México, conhecer lugares maravilhosos no Brasil e no exterior e ter a liberdade geográfica e de agenda. E o mais incrível de tudo, a oportunidade de ser uma mãe presente e poder construir uma família amorosa e moldada em uma mentalidade de prosperidade e vida ativa e saudável.

Por tudo isso, tenho muita gratidão no coração. É claro que os resultados obtidos por mim não representam nenhuma garantia de rendimentos nem são típicos, apenas possibilidades.

A vida é uma jornada única e pessoal, e cada um de nós tem a capacidade de moldar o seu próprio destino, através das nossas escolhas e atitudes. Não importa o quão grande ou pequeno seja o desafio, ele vem para nos fortalecer e nos preparar para algo maior. E como passamos por vários desafios, vou compartilhar com vocês algo que aprendi com uma mentora espiritual e que tem me ajudado muito: em cada situação, pergunte a si mesmo: "O que isso quer me mostrar?", "O que posso aprender com isso?". Dessa forma, fica a dica para você também olhar as coisas que chegam até você com "outros olhos" e, assim, aprender algo precioso com cada experiência. Em tudo precisamos ter fé, resiliência, persistência e consistência, precisamos nos rodear de pessoas que nos desafiam a sermos melhores a cada dia.

Outra dica valiosa que aprendi é a seguinte: o que não está no seu controle é preciso "abrir mão" e seguir em frente. Acredite: você é capaz de transformar sua vida e a vida das pessoas ao seu redor. Não espere pelas circunstâncias perfeitas; crie as oportunidades através de suas escolhas, tenha coragem de sair da sua zona de conforto e siga firme na busca dos seus objetivos.

Quando estamos confusos, em dúvida sobre algo, precisamos diminuir as vozes externas e nos alinharmos espiritualmente, pois, dessa forma, conseguiremos ouvir nossa voz interior e sermos nós mesmos!

Seja o protagonista da sua própria história e nunca pare de evoluir! Você é um ser único e merecedor!

*"Quando nos
permitimos evoluir,
descobrimos
que as maiores
transformações
nascem das escolhas
corajosas e da fé em
nosso propósito."*

Simone Tres Rossetto

Úrsula R. Vieira

Sou uma empreendedora apaixonada pela vida e pelas oportunidades que ela oferece. Com uma trajetória de superação, conquistei meu espaço ao lado do meu marido, após anos de dedicação e esforço em diversos negócios. Hoje, ajudo outras pessoas a alcançarem um estilo de vida saudável e a realizarem seus próprios sonhos.

Minha vida é marcada por desafios e vitórias. Aos 18 anos, morei em Los Angeles, onde estudei *ballet* clássico em Beverly Hills. Já conheci oito países, fiz onze cruzeiros e realizei o sonho de levar minha filha duas vezes a Disney, algo que antes parecia distante.

Vivendo hoje no lugar dos meus sonhos, me dedico a compartilhar meu conhecimento e inspirar outras pessoas a transformarem suas vidas com coragem, foco e perseverança.

ursularacilanvieira

18 VIVA LEVE: ACREDITE E CONFIE NOS MILAGRES DE DEUS

Por Úrsula R. Vieira

Sou filha de um casal de grandes empreendedores que, com muita garra, sonhos e atitudes, conquistaram a tranquilidade financeira ainda jovens. Meus pais se conheceram quando ainda eram muito novos, sem muito estudo, mas com uma dedicação inabalável e muita força de vontade. Desde os meus 7 anos, eles já tinham alcançado uma estabilidade financeira que lhes permitia viver de renda de imóveis.

Cresci em uma família numerosa, sendo a única menina entre cinco irmãos. Minha infância foi cercada de amor, conforto e carinho. Meus pais sempre foram o exemplo de que, com determinação e trabalho árduo, era possível realizar sonhos. Embora nossa vida fosse confortável, não havia espaço para ostentação. Tínhamos uma vida tranquila, recheada de experiências ao ar livre. Meus pais tinham um sítio com cachoeiras e uma casa na praia, onde eu tive a oportunidade de crescer em contato direto com a natureza.

Lembro-me com carinho da primeira vez que fui a Disney, aos 7 anos. Foi uma experiência mágica, mas eu não imaginava que essa seria apenas a primeira de muitas aventuras. Aos 18 anos, tive a chance de morar por oito meses em Los Angeles com meus tios e primos, que já eram cidadãos americanos. Fui para lá fazer um curso de *ballet* clássico, uma paixão que me acompanhava desde os 3 anos. Estudei em um estúdio em Beverly Hills, onde diversos artistas e cantores famosos também treinavam lá. Aquela foi uma fase de sonho na minha vida.

Enquanto estive nos Estados Unidos, vivi momentos inesquecíveis. Conheci lugares como Las Vegas, o Grand Canyon, acampei no deserto do Arizona, visitei o México, explorei San Francisco e várias outras cidades ao redor. Além disso, tive a oportunidade de visitar todos os parques da região, incluindo a Disney, a Universal, Magic Mountain e SeaWorld. Foram oito meses que permanecerão para sempre em minha memória.

O casamento e os desafios da vida adulta

Aos 21 anos, conheci o Magno, o homem que se tornaria meu marido. Após apenas onze meses de namoro, nos casamos, estamos juntos há 32 anos. Embora eu estivesse entusiasmada com essa nova fase da minha vida, rapidamente percebi que não estava verdadeiramente preparada para os desafios da vida adulta. Tendo sido superprotegida durante a infância, o mundo das responsabilidades e contas era algo completamente novo para mim.

Quando nos casamos, descobri o que realmente significava lidar com as despesas do dia a dia: contas de água, luz, telefone, aluguel. A realidade era muito diferente daquela com a qual eu havia crescido. Foi um choque. Durante esse período, senti-me como se estivesse reaprendendo a viver, mas ao lado do Magno, enfrentamos juntos cada obstáculo.

Empreendimentos e desafios financeiros

Ao longo dos anos, eu e Magno nos aventuramos em diversos empreendimentos. Abrimos uma distribuidora de biscoitos, balas e bebidas, montamos uma fábrica de biscoitos e até nos envolvemos em outros negócios, como um *pet shop* e uma loja de roupas e presentes. Porém, sem experiência ou orientação, falimos diversas vezes. Cada falência era um golpe duro, mas também uma lição importante. A cada vez, nos reerguíamos, determinados a encontrar uma forma de prosperar.

Quando conheci o Magno, ele já tinha uma filha de um relacionamento anterior, a Nathália. Juntos, tivemos nossa filha Nycolly, e as duas sempre fizeram parte de nossas vidas, crescendo ao nosso lado enquanto tentávamos construir um futuro melhor. Elas nos acompanharam de perto em todos os altos e baixos, vendo de perto o impacto que as dificuldades financeiras tiveram em nossa qualidade de vida.

A virada na nossa trajetória

Então, um dia, Nathália participou de uma apresentação de negócios em uma república de amigos. Era uma empresa multinacional de produtos nutricionais. Ela ficou encantada com o que viu e imediatamente pensou que seu pai se encaixaria perfeitamente naquela oportunidade. Com muito esforço, Nathália o convenceu a participar de uma apresentação, e assim que Magno conheceu o negócio, ele se apaixonou.

Naquela época, nossas lojas estavam funcionando de segunda a domingo. Eu era responsável pelo caixa e o Magno cuidava das entregas. Dois meses se passaram, até que eu tivesse a oportunidade de conhecer o novo negócio. Para isso, precisávamos viajar mais de 500 km e participar de um treinamento intensivo de três dias. Aquela experiência abriu meus olhos. Vi pessoas comuns transformando suas vidas, realizando sonhos e percebi que, com dedicação, eu também poderia alcançar resultados extraordinários.

O que mais me impressionou naquele evento foi a possibilidade de conquistar férias de incentivo todos os anos, a vitaliciedade e hereditariedade do negócio, e o fato de que poderíamos trabalhar de qualquer lugar do mundo, sem a necessidade de um local fixo. Essa flexibilidade era algo que eu jamais imaginara.

O sucesso que transformou nossas vidas

Começamos esse novo empreendimento em fevereiro de 2007, enquanto ainda administrávamos cinco outras empresas. Entramos nesse negócio com uma dívida de cerca de U$ 100 mil, resultado dos nossos negócios anteriores. Mas, com muito foco, atitude e persistência, participamos de inúmeros treinamentos e nos dedicamos inteiramente ao nosso crescimento.

Em apenas três anos, nosso sucesso foi tão significativo que decidimos fechar todas as outras empresas para nos concentrar exclusivamente nesse novo negócio. Em seis anos, conseguimos pagar todas as nossas dívidas e realizar o sonho de comprar um apartamento em um bairro nobre. Essa foi uma conquista extraordinária, fruto de nossa dedicação e da oportunidade que abraçamos juntos.

Um dos sonhos que sempre tive era proporcionar para a minha filha a viagem para a Disney, algo que meus pais puderam fazer por mim quando eu era criança, mas que eu não conseguia realizar para ela. No entanto, após nos estabilizarmos financeiramente através da empresa, esse sonho finalmente se tornou realidade. Desde então, já viajamos duas vezes para lá fizemos onze cruzeiros de navio, conhecemos oito países e passamos por diversos *resorts* maravilhosos. Essas experiências não apenas nos proporcionaram momentos inesquecíveis em família, mas também nos lembraram de que, com dedicação e persistência, os sonhos podem, sim, se tornar realidade.

O que mais me encanta em nossa empresa é a chance de ajudar outras pessoas a também empreenderem. Amo cuidar das pessoas, ajudá-las a alcançar um estilo de vida saudável e mudar seu estilo de vida. Ao longo dos anos, vimos inúmeras pessoas transformarem suas vidas através desse negócio e isso me traz uma satisfação imensa.

Hoje, após dezessete anos nesse empreendimento, sinto-me realizada. Sou uma mulher forte, madura e guerreira, que conquistou o autoconhecimento e que é apaixonada por ajudar pessoas. Adoro conhecer novos amigos, socializar em qualquer lugar que esteja e sei que sou capaz de alcançar qualquer objetivo com foco, aprendizado, atitude e ação.

Atualmente, vivo em um verdadeiro paraíso, na casa dos meus sonhos, e desfruto de uma vida maravilhosa ao lado da minha família. Sinto uma imensa gratidão por tudo o que aprendi ao longo dessa jornada. Mais do que o sucesso material, o que realmente marcou minha vida foram os amigos que fiz ao longo do caminho e a pessoa em que me transformei.

As palavras que carrego comigo e que me guiaram em todos os momentos são:

- Nunca faça com os outros o que não gostaria que fizessem com você.
- Trabalhe de forma simples, mágica e divertida.

Ao olhar para trás, vejo que cada desafio e cada queda foram essenciais para moldar a pessoa que sou hoje. Aprendi que o sucesso não é apenas sobre conquistas financeiras, mas sobre crescer como ser humano e ajudar os outros a fazerem o mesmo. A verdadeira riqueza está nas conexões que criamos, nas vidas que tocamos e na paz interior que conquistamos ao saber que estamos no caminho certo.

Hoje, posso dizer que vivo uma vida dos sonhos, mas essa jornada está longe de ser apenas sobre mim. É sobre todos aqueles que, de alguma forma, cruzaram o meu caminho e compartilharam essa experiência. Cada história de sucesso que ajudei a escrever, cada sorriso que vi surgir ao longo desses anos, reafirma a certeza de que estou fazendo a diferença no mundo.

Minha maior gratidão é por ter encontrado um propósito maior, que vai além de conquistas materiais: o de inspirar outras pessoas a acreditarem em si mesmas e a nunca desistirem de seus sonhos. Se eu puder deixar um legado, que seja esse: de coragem, perseverança e amor ao próximo.

E assim, sigo em frente, sempre aberta a novos aprendizados, novas amizades e novos desafios. A vida é uma aventura contínua, e estou preparada para cada novo capítulo que ela me trouxer.

"Acredite nos seus sonhos, trabalhe com dedicação e transforme desafios em conquistas. O impossível é apenas o que ainda não foi realizado."

Úrsula R. Vieira

Valéria Fagundes

Meu nome é Valéria Fagundes, nasci em Osasco/SP e resido em Brasília/DF. Casada com Rodrigo há 34 anos, tenho dois filhos amados: Leonardo e Camila, casada com Marcelo e mãe da nossa netinha Isabela.

Sou pedagoga, tive experiência como diretora de escola infantil, trabalhei com vendas em várias empresas e hoje sou distribuidora independente de uma multinacional presente em mais de noventa países.

Há 29 anos trabalho em transformar a vida das pessoas levando uma boa nutrição, bem-estar físico, espiritual e financeiro. Tenho distribuidores em vários estados do Brasil e em países como Portugal, EUA e Equador. Minha história não foi nada fácil, precisei passar por um grande deserto. Enfrentei desafios financeiros, emocionais e familiares e aprendi que só fracassa quem desiste dos sonhos.

valeria_fagundesdf

+55 (61) 99987-3228

valeriactfagundes@gmail.com

Mulheres de impacto

19 SUCESSO = TRABALHO ÁRDUO + MENTALIDADE + RESILIÊNCIA

Por Valéria Fagundes

Desde muito nova, tive que me virar para conseguir as coisas que desejava, pois meu pai militar e minha mãe costureira, com a 4ª série primária, não tinham condições de pagar minha faculdade. Fiz o Ensino Médio em escola pública. Comecei a arrumar trabalhos para ganhar meu próprio dinheiro, consegui alguns empregos e passei a guardar dinheiro para pagar minha faculdade e comprar um carro usado.

Nesta fase dos empregos, já ficou claro que trabalhar para os outros com horário para cumprir e salário fixo, além de ter um chefe controlando a minha vida, não era nada agradável. Foi quando arrumei trabalhos como autônoma relacionados à venda, pois poderia fazer meus horários e ter comissões proporcionais à minha produtividade. Consegui ir pagando minha faculdade e separando uma parte do dinheiro para comprar meu primeiro carro, um fusca 1979. Como assalariada, trabalhei como secretária, promotora de vendas de eletrodomésticos e atendente em uma locadora de veículos. Como autônoma, trabalhei com venda de seguros de automóveis e de imóveis.

Eu me formei em Pedagogia e trabalhei em escola com crianças para ganhar experiência na minha área profissional. Nesta época, era recém-casada com Rodrigo, namoramos por sete anos e nos casamos em 1990, quando ele passou em um concurso público seu primeiro emprego.

Após dois anos, surgiu uma oportunidade de comprarmos uma escolinha de crianças no nível pré-escolar. Rodrigo tinha uma moto pequena, que vendemos para entrar em sociedade com minha irmã e uma amiga, ambas pedagogas também. A dona anterior da escola nos mostrou um registro de dezenas de crianças, mas na realidade, quando as aulas voltaram, percebemos que ela agiu de má-fé. Infelizmente eram menos de dez crianças. Foi um ano praticamente trocando dinheiro, além da difícil tarefa de relacionamento com os pais de algumas crianças. Decidimos vender a escola, pois além de trabalhar sem lucro, pagávamos as contas mensais da escola tirando dinheiro do salário do Rodrigo.

Nunca deixei de sonhar e acreditar nas promessas divinas em nossas vidas. Morávamos na casa dos meus sogros porque não tínhamos condições de ter nosso próprio imóvel nem de pagar aluguel. Eles nos acolheram com muito amor e somos muito gratos pelos anos que ficamos lá.

Eu tinha o sonho de ser mãe desde meus 15 anos, quando já afirmava que teria uma menina que se chamaria Camila. Este sonho foi crescendo e, junto com ele, cresceu também o meu desespero de não conseguir engravidar. Fiz cinco anos de tratamento com especialista em reprodução humana, sofri muito e fizemos muitas dívidas com os tratamentos. Meu médico já não sabia mais o que fazer. Fiz duas inseminações artificiais, pagando com muita dificuldade, e de nada adiantou. De acordo com exames, eu não tinha problemas nem o Rodrigo.

A última chance era fazer bebê de proveta, porém, ao saber do valor, meu coração acelerou, pois era impossível pagar, tendo ainda a dívida das inseminações. Nossas dívidas eram grandes, pois, além do tratamento, fizemos investimentos errados na hora errada. Quando não temos experiência em administração financeira, gastamos mais do que ganhamos e isso complica tudo. Quem dera tivéssemos conselhos de pessoas experientes para nos ajudar. Neste momento, só me restou esquecer o tratamento, orar muito e começar a trabalhar duro ganhando dinheiro suficiente para pagar futuros tratamentos.

Naquela época, trabalhava para uma empresa que tinha como objetivo aumentar o faturamento de *shopping centers*, ganhava salário fixo e pequenas comissões, estava muito insatisfeita. Rodrigo, já com sete anos de banco, era gerente de agência e convivia com um alto nível de estresse diariamente. Qualquer emprego não nos daria o suficiente para cobrir as dívidas.

Foi quando Rodrigo recebeu o convite de um cliente do banco, um advogado, para assistirmos à apresentação de uma oportunidade de gerar renda extra. Ele chegou em casa muito entusiasmado, feliz demais, coisa que não era normal. Ele me convenceu a ir junto. Fui totalmente desacreditada. Chegando lá, a primeira impressão que tivemos foi desanimadora, pois vimos que estava relacionado a vendas de produtos para saúde e não era o que procurávamos. Ao final da apresentação, Rodrigo decidiu comprar os produtos, pois estava com excesso de peso, superestressado e sem energia, devido à rotina do banco. Fomos resistentes em vender os produtos, mas depois de cinquenta dias, Rodrigo estava muito feliz com os resultados de energia, disposição e bem-estar. Diante desses resultados, comentamos com amigos e familiares, até porque era visível o entusiasmo do Rodrigo. Muitos se interessaram, e decidimos vender os produtos para fazer uma renda extra. Isso nos ajudou muito a diminuir os saldos devedores das contas bancárias.

Dentro desse círculo de vendas diretas, conhecemos empresários de muito sucesso e, graças a treinamentos nos fins de semana, fomos nos desenvolvendo e melhorando os resultados. Novas habilidades foram desenvolvidas e uma nova mentalidade foi surgindo. Uma das orientações que tivemos foi a de ler um livro por mês, no mínimo. Existem muitos livros cujos autores são empreendedores de muito sucesso e compartilham as práticas que os levaram à prosperidade.

Hoje considero a leitura um ponto fundamental para mudança de mentalidade. O grande segredo do sucesso e prosperidade está na nela. É muito simples entender esta afirmação, pois todas nossas ações são baseadas em decisões que dependem de como pensamos na hora de decidir. Os resultados positivos só vêm de ações acertadas e essas ações dependem de decisões alinhadas com o sucesso. Ao longo do primeiro ano de treinamentos e muita leitura, passamos a ter resultados que nos possibilitaram deixar nossos empregos. Pedimos demissão no mesmo mês, maio de 1996.

No segundo ano, tive a grata satisfação e felicidade de engravidar. Nem acreditei quando vi o teste positivo, foram dois anos sem pensar em gravidez e, de repente, lá estávamos comemorando este sonho realizado. Chegou nossa linda e abençoada Camila.

Nosso trabalho ia muito bem, mas começamos a enfrentar os desafios de ser empreendedores e lidar com situações empresariais que não tínhamos experiência. Foram alguns anos cometendo erros que nos atrapalharam no crescimento. As despesas aumentaram e o tempo livre diminuiu, afinal, passei a ser mãe. Cada desafio superado se somava a nossa bagagem de experiências e mudança de mentalidade.

Seguimos firmes até que, quatro anos depois, veio nosso segundo filho, Leonard. Muita alegria invadiu meu coração, tínhamos agora um casal de filhos. Novos desafios financeiros e de administração de tempo surgiram. Com oito anos de trabalho árduo, foco, treinamentos e leitura de livros, atingimos um patamar profissional maravilhoso de segurança e estabilidade. Hoje considero os erros ingredientes fundamentais para o sucesso, desde que sua mentalidade esteja alinhada com a atitude correta de encarar as dificuldades e desafios, como degraus que levarão você à prosperidade.

Entramos numa fase incrível, onde passamos a desfrutar de um maravilhoso estilo de vida. Fizemos viagens incríveis, muitos cruzeiros de navio, conhecemos vários países, nossa vida ficou mais confortável, moramos numa boa casa, dirigimos bons carros. Rodrigo é um apaixonado por motos e desfruta, há muitos anos, do prazer de pilotar as melhores e mais caras motos do mercado, viajamos de moto todos os anos. Pudemos pagar bons estudos para nossos filhos, inclusive no exterior. Nossa filha é formada em Arquitetura e nosso filho está concluindo o curso de Ciência da Computação.

Há alguns anos, passamos a cuidar dos nossos pais, que estão idosos acima de 80 anos. Meu sogro faleceu em 2023, com 93 anos, minha sogra está com 86, meu pai também com 86 e minha mãe com 83, infelizmente com Alzheimer há alguns anos.

Hoje, com 57 anos, sinto-me uma mulher realizada, tenho um casamento incrível, uma família abençoada, faço atividade física todos os dias, tenho bons hábitos de alimentação, ajudo centenas de pessoas a melhorarem suas vidas com os ensinamentos que tivemos. Somos muito gratos a Deus por todas estas bênçãos.

A vida é um ciclo maravilhoso. Precisamos encontrar nosso propósito e seguir este ciclo tirando o máximo de proveito e, ao mesmo tempo, influenciando positivamente o máximo de pessoas que pudermos. Cada um de nós terá este ciclo interrompido em algum momento, mas nossas boas ações ficarão nas vidas das pessoas as quais tivemos a grata satisfação de contribuir positivamente.

Se eu consegui prosperar, você também consegue! Você também pode vencer. Acredite e ouse sonhar grande.

"Se você está passando por dificuldades, agradeça a Deus, pois elas são oportunidades de mudar o que é preciso para ter os resultados desejados."

Valéria Fagundes

Valéria Reis

Meu nome é Valéria Reis. Sou mãe de Vinícius e Victor, atuo na área de bem-estar há quinze anos e vivo em Sinop/MT. Como filha mais velha de Onofre Faustino Gonçalves e Eni dos Reis Gonçalves, cresci no Espírito Santo, onde aprendi sobre resiliência, trabalho duro e o valor da família.

Aos 19 anos, consegui meu primeiro emprego formal em Mato Grosso do Sul, o que despertou em mim o desejo de empreender. Hoje, lidero meu negócio na área de saúde e bem-estar, transformando desafios em oportunidades de crescimento. Meu objetivo é ajudar as pessoas a alcançarem uma vida mais saudável e com propósito. Movida por sonhos e determinação, acredito que é possível superar obstáculos e realizar grandes conquistas.

valeriareis.oficial

+55 (66) 99956-6412

valeriareis

Mulheres de impacto

20 DESAFIOS E OPORTUNIDADES: MINHA JORNADA

Por Valéria Reis

Meu nome é Valéria Reis, mãe de Vinícius e Victor, e minha vida tem sido uma jornada de desafios, conquistas e descobertas. Vivo em Sinop, no Mato Grosso, e atuo há quinze anos na área de bem-estar, liderando meu próprio negócio, com o propósito de impactar positivamente a vida das pessoas por meio de um estilo de vida saudável e ativo. Minha história, porém, começa bem antes, no Espírito Santo, onde cresci cercada pelo trabalho duro e os valores familiares que moldaram quem sou hoje.

Sou filha mais velha de Onofre e Eni. Desde cedo, tive que assumir responsabilidades que me ensinaram muito sobre resiliência e esforço. Minha infância foi marcada pelo apoio à minha família, principalmente à minha mãe, que era costureira e sempre se esforçava para complementar a renda da casa. Embora eu admirasse seu trabalho, desde aquele momento já sabia que queria algo diferente para minha vida. Havia em mim uma vontade enorme de empreender, algo que floresceu ainda mais à medida que crescia. Além disso, a influência da minha avó paterna foi crucial. Com ela, aprendi a importância de ajudar os outros e, muitas vezes, preparávamos receitas caseiras para vender e apoiar a comunidade, reforçando em mim o espírito de generosidade e trabalho.

Esse espírito empreendedor que foi crescendo ao longo dos anos, sempre esteve alinhado a algo maior do que o simples desejo de ser independente financeiramente. Desde muito nova, eu observava minha família e as pessoas ao nosso redor e percebia como o trabalho duro, quando combinado com um propósito, poderia transformar vidas. Eu sabia que queria impactar positivamente as pessoas ao meu redor, criar algo que fosse além de bens materiais, mas que também oferecesse uma verdadeira transformação. Esse desejo começou a se cristalizar conforme fui amadurecendo, e cada experiência que vivi me preparou para o que estava por vir.

Aos 19 anos, nos mudamos para o interior de Mato Grosso do Sul. Foi lá que consegui meu primeiro emprego formal em uma padaria. Essa experiência foi fundamental para despertar meu desejo de aprender mais e de crescer profissionalmente. No início, comecei trabalhando no caixa, mas logo me interessei por cursos de vendas, o que abriu muitas portas e me ensinou o valor de se dedicar com afinco a tudo o que faço. Essa fase foi importante para o desenvolvimento do meu espírito empreendedor, já que, a partir dali, comecei a perceber que cada pequena ação poderia gerar um grande impacto no futuro. Cada cliente que eu atendia, cada venda realizada, representava uma pequena vitória no caminho para construir algo maior. Aos 20 anos, me casei e mudei para Maringá, no Paraná, onde continuei minha trajetória profissional.

Em Maringá, tive uma nova oportunidade de crescimento. Trabalhei em um supermercado e, posteriormente, em lojas de calçados. Foi nessa cidade que aprendi muito sobre gestão, especialmente ao trabalhar com meus patrões, que tinham várias lojas. Desenvolvi habilidades essenciais, como gestão de tempo, atendimento ao cliente e administração financeira. Essas habilidades seriam fundamentais para minha futura jornada como empreendedora, pois a gestão eficaz do tempo e dos recursos é a chave para o sucesso de qualquer negócio. Apesar de todas essas conquistas, ainda crescia dentro de mim o desejo de criar algo próprio, onde eu pudesse aplicar o que havia aprendido, mas também me sentir realizada fazendo algo que trouxesse alegria.

A maternidade trouxe novas perspectivas para minha vida. Com o nascimento dos meus dois filhos, Vinícius e Victor, percebi que queria mais autonomia e flexibilidade. Essa fase foi marcante, pois, além de me transformar como mulher, também me fez questionar meus propósitos e o que eu realmente queria alcançar. Foi então que decidi que não queria mais trabalhar como funcionária. Contudo, sem muito dinheiro e sem saber por onde começar, me vi movida pelo desejo de construir algo maior. Decidi que precisava buscar algo que me permitisse ser dona do meu tempo e construir um futuro melhor para minha família. Assim, comecei no mundo do empreendedorismo vendendo roupas, bijuterias e rasteirinhas de porta em porta, muitas vezes pegando mercadorias na condicional, pois eu não tinha capital inicial.

Esse período foi de grandes aprendizados. A cada venda, a cada cliente conquistado, eu não estava apenas ganhando dinheiro, mas também aprendendo sobre como o empreendedorismo funciona na prática. Fui desenvolvendo habilidades de vendas e, aos poucos, construindo uma base de clientes que confiavam no meu trabalho. Tentei abrir uma loja de roupas com uma sócia, mas a parceria durou pouco. Nesse momento, aprendi que nem sempre uma sociedade é o caminho mais eficaz, e a importância de seguir minha intuição se tornou mais evidente. Depois, passei a trabalhar em uma loja de conveniência, que comprei e gerenciei por cerca de um ano. Embora fosse um negócio lucrativo, percebi que ainda não era aquilo que me completava. Eu queria algo mais, algo que tivesse um propósito maior e que me trouxesse realização pessoal.

Foi nesse momento de busca que decidi mudar de vida. Há quinze anos, mudei-me para Sinop, uma cidade que se tornou meu lar e o local onde finalmente encontrei meu propósito. Comecei vendendo roupas, como fazia anteriormente, mas foi aqui que conheci a oportunidade de trabalhar na área de bem-estar. Quando comecei a usar os produtos de nutrição que hoje represento, algo dentro de mim mudou. Eu via não apenas uma oportunidade de negócio, mas uma forma de impactar positivamente a vida das pessoas, algo que sempre busquei. Nesse momento, percebi que minha missão era muito maior do que apenas vender produtos: era ajudar as pessoas a terem uma vida mais saudável e equilibrada, algo que eu mesma estava buscando em minha vida pessoal.

A transição para o setor de saúde e bem-estar não foi simples. No início, os desafios eram imensos. Eu precisava aprender sobre gestão financeira, marketing e construir uma base de clientes, ao mesmo tempo em que gerenciava as despesas de um novo espaço físico que tinha locado para iniciar o negócio. A sala ficou noventa dias alugada sem ser utilizada, e eu continuava pagando os aluguéis sem ter sequer uma estrutura pronta para atender os clientes. Foi um período de grande incerteza, mas, com muita persistência e fé, as coisas começaram a acontecer. Eu sabia que, se conseguisse superar aquela fase inicial, meu negócio teria um grande potencial de crescimento.

Um ponto de virada aconteceu após uma viagem a Vila Velha, no Espírito Santo, em que visitei outros negócios do mesmo segmento. Voltei para Sinop inspirada e decidida a colocar em prática tudo o que havia aprendido. Em cinco meses, consegui recuperar todo o investimento inicial, e meu negócio começou a crescer de maneira sólida. Passei a trabalhar não apenas com atendimento presencial, mas também expandi para o on-line, criando redes de contato e fazendo com que minha marca fosse conhecida na cidade. Esse movimento de expansão para o digital me permitiu alcançar mais pessoas e criar um impacto ainda maior, algo que nunca imaginei ser possível no início.

Entretanto, o maior desafio ainda estava por vir. Em 2020, com a pandemia, vi muitos negócios fechando suas portas. Sabia que precisava encontrar uma maneira de manter o meu negócio em pé, especialmente porque as pessoas precisavam de saúde mais do que nunca. Foi então que surgiu a ideia de trabalhar com *delivery*, levando os produtos até os clientes, e assim consegui manter o negócio funcionando mesmo durante a crise global. Aquele foi um momento de reinvenção, adaptação e resiliência, e deu certo. Cresci muito nesse período, fui reconhecida pelo meu trabalho e até recebi prêmios e viagens da empresa.

Hoje, lidero meu próprio negócio com confiança e satisfação, sabendo que sou capaz de transformar desafios em oportunidades e de impactar positivamente a vida de quem está ao meu redor. Minha jornada como empreendedora me ensinou que, com dedicação e persistência, é possível superar qualquer obstáculo e alcançar grandes realizações. Continuo investindo no meu desenvolvimento, sempre buscando treinamentos e me atualizando para inovar e oferecer o melhor aos meus clientes. Além disso, sigo inspirada a continuar expandindo, tanto na área presencial quanto on-line, pois sei que há um mundo de oportunidades esperando para serem exploradas.

Para mim, o empreendedorismo vai muito além do sucesso financeiro. É sobre liberdade, sobre criar algo que tenha propósito e que faça a diferença na vida das pessoas. É sobre trabalhar com algo que amo e que me faz sentir realizada todos os dias. Ao longo dos anos, aprendi que o mais importante é acreditar nos nossos sonhos, mesmo quando os desafios parecem intransponíveis. A fé e determinação nos movem adiante e, hoje, com orgulho, posso dizer que estou no caminho certo, construindo um legado de saúde, bem-estar e inspiração para todos que me acompanham. O futuro ainda reserva muitos desafios, mas estou pronta para enfrentá-los com a mesma coragem e determinação que me trouxeram até aqui. E assim, sigo transformando vidas, uma pessoa de cada vez.

*"Com dedicação
e propósito,
transformo desafios
em oportunidades,
impactando vidas
e construindo um
legado de saúde e
bem-estar."*

Valéria Reis

Vanessa Melluzzi

Sou Vanessa Melluzzi, de Joinville/SC. Casada com Alessandro, somos abençoados com dois filhos, Guilherme Antonio e Pedro Henrique.

Com mais de vinte anos de treinamentos em desenvolvimento pessoal, incluindo treinamentos com um vencedor do Prêmio Nobel de Medicina e médicos PhDs, construí uma base sólida para apoiar meus clientes. Além disso, possuo certificação internacional em terapia e especialização em transtornos alimentares e de imagem corporal. Como coach de emagrecimento, palestrante e treinadora, dedico-me a transformar vidas em busca de saúde e equilíbrio.

Minha missão como empreendedora é ajudar as pessoas a encontrarem a felicidade e o bem-estar que tanto buscam, assim como eu encontrei a minha.

vanessamelluzzi

vanessamelluzzi@gmail.com

21 VENCENDO BARREIRAS: A HISTÓRIA DE UMA VIDA TRANSFORMADA

Por Vanessa Melluzzi

Quero iniciar este capítulo agradecendo a Deus, aos meus pais e ao meu querido marido, que sempre foi meu maior incentivador. Ele acreditou em mim antes de mim mesma e me ajudou a me tornar quem sou hoje.

Devo ao meu passado tanto o saber quanto a ignorância; dele, trago também liberdade, gratidão, aprendizado e uma mente inabalável. Venho de uma família humilde do interior do Paraná, em que o dinheiro era pouco e o trabalho, árduo. Meus pais eram agricultores, e desde cedo aprendi que nada vem de graça, pois via neles a fé e a esperança nas plantações e colheitas, mas também, muitas vezes, as frustrações das perdas.

Morei na roça até os 12 anos, quando nos mudamos para Vidigal, um distrito de 3 mil habitantes, para ficarmos mais perto da escola e para que eu pudesse estudar com meus irmãos. Infelizmente, minha adolescência foi interrompida por um grave problema cardíaco, que exigiu uma cirurgia de grande porte. Ali, vivi minha primeira experiência com Deus. A fé dos meus pais e a minha foram fundamentais para o sucesso do procedimento e para a recuperação, que levou aproximadamente um ano.

Desde cedo, eu queria muito trabalhar, e assim que pude voltar à escola, consegui também um trabalho como babá. Logo depois, trabalhei como empregada doméstica com minha mãe, e um dia, meu primo, que tinha uma pequena confecção, me convidou para trabalhar com ele. Fiz um curso de corte e costura, pago por ele, e comecei minha primeira profissão como costureira. No início, foi difícil; as costuras saíam bem tortas, mas, com a repetição, comecei a produzir peças lindas naquela máquina. Aprendi, então, que a repetição é a mãe da habilidade.

Aos 16 anos, enquanto costurava, sonhava em ser professora. Nesse período, conheci meu namorado, que se tornou o amor da minha vida. Nos casamos em 2001, eu com 19 anos e ele com 27, e começamos a sonhar com um futuro promissor. Éramos jovens, trabalhadores, e queríamos mudar de vida, mas nos faltava um ingrediente poderoso: o conhecimento. E justamente por falta de conhecimento, meu marido experimentava, naquele momento, sua primeira falência. Recém-casados, embarcamos juntos nessa experiência nada agradável.

Uma falência traz consigo desafios emocionais e dívidas, mas, juntos, estávamos determinados a recomeçar e aprender o que fosse necessário. Quando você está aberto ao aprendizado e deseja mudanças, as portas se abrem. E foi justamente nessa época que uma oportunidade bateu à nossa porta, mudando a direção de nossas vidas para sempre.

Era uma multinacional americana na área da saúde e bem-estar. Vi pessoas muito bem-sucedidas e pessoas muito simples alcançando o sucesso. Decidi, naquele dia, me juntar ao time de empreendedora. Mas então lembrei que era uma pessoa extremamente tímida e cheia de medos. A palavra "**vendas**" me causava pânico. Como empreender sem vender?

Tive que enfrentar meus medos e buscar conhecimento para que a mudança acontecesse. No meu primeiro treinamento, ouvi o palestrante dizer para não deixar ninguém roubar meus sonhos. E assim fiz: fechei os ouvidos para o que os outros diziam e me dediquei a trabalhar e me desenvolver.

Eu tinha a visão e sabia onde encontrar as ferramentas necessárias para crescer nesse novo negócio. Entendi que os treinamentos eram essenciais para me preparar para o futuro, e agora era hora de agir. Foi então que meu marido e eu tomamos uma das decisões mais difíceis de nossas vidas: sair de perto da nossa família e da nossa cidade natal.

Na época, ele trabalhava como representante comercial e já conhecia o estado de Santa Catarina. Ele me convidou para mudar para Joinville, uma cidade maior, com mais possibilidades de crescimento, onde poderíamos trabalhar com essa nova empresa. A resposta foi "sim, vamos nos mudar". Deixar nossos pais, irmãos e a nossa casa recém-construída deixou muitas lágrimas para trás, mas era hora de alçar voos mais altos. Sair da zona de conforto dói, humilha, mas é imprescindível.

E assim foi... Chegamos em Joinville com duas malas de roupa e o coração cheio de dúvidas e desejos. Começamos a procurar uma casa para morar, mas sem dinheiro e com dívidas, não conseguimos fazer contratos no primeiro momento. Por um período, moramos em uma quitinete que era depósito de calçados de um amigo nosso, até conseguirmos uma casa de verdade.

Assim que encontramos a casa, nossa mudança chegou a Joinville. Colocamos tudo no lugar e iniciamos nosso trabalho sem conhecer nada nem ninguém nessa cidade. Em uma de nossas viagens, senti um mal-estar inesperado, e ao retornar a Joinville na semana seguinte, tivemos uma surpresa: nosso primeiro milagre estava a caminho, nosso primeiro filho, Guilherme.

No primeiro momento, veio muito medo, mas agora não havia como voltar atrás. Contamos com a parceria, o amor e a fé de que tudo daria certo. Trabalhei durante toda a gestação, cuidando dos nossos clientes, participando dos treinamentos, e entendi que tudo o que realmente vale a pena leva tempo para ser construído. Começamos a crescer na empresa, recebendo muitos reconhecimentos pelo nosso trabalho. Três anos depois, veio uma nova gestação, que foi interrompida por um aborto espontâneo.

Dois anos mais tarde, chegou nosso próximo milagre: nosso amado filho Pedro Henrique. Seguimos firmes em nosso propósito, trabalhando e aprendendo a lidar com a mentalidade, pois a timidez ainda me dominava, e minhas crenças limitantes e de escassez ainda me deixavam cega. Mas sempre me lembrava de uma das frases dos treinamentos: "O conhecimento liberta". Aprendi nos treinamentos a importância do pensamento positivo e de estar com pessoas que já haviam alcançado o que eu também queria. Mas precisava ter paciência para aprender.

Quando achava que não ia conseguir conciliar a vida de mãe, esposa e empreendedora, meu marido sempre me incentivava, dizendo: "Continua fazendo, você está indo muito bem, vai dar certo, acredita em você".

Estávamos imersos em um ritmo de trabalho intenso, dedicando cada fibra do nosso ser a essa empresa. As recompensas eram muitas: viagens nacionais e internacionais, cruzeiros, todos frutos da nossa dedicação. Essas conquistas eram alcançadas conforme o esforço de cada um, não como uma promessa, mas como uma possibilidade real para quem se empenhava. Eu estava vivendo um momento de grande realização, prestes a concretizar um sonho pessoal: fazer uma cirurgia plástica para colocar próteses de silicone.

Com quase todos os exames pré-operatórios concluídos, fui inesperadamente confrontada por um diagnóstico que abalaria minha vida: um aneurisma na aorta, uma das principais artérias do coração. De um momento de euforia, fui lançada em uma espiral de medo e incerteza, sabendo que uma cirurgia cardíaca de alto risco seria inevitável. Mas desta vez, a vida tinha um peso muito maior. Deixei em casa meus maiores tesouros, meus dois filhos pequenos, e fui para o hospital com um medo profundo de não retornar, de não estar lá para vê-los crescer, para guiá-los, para amá-los.

Durante esse período de profunda angústia, senti a presença de Deus ao meu lado, me dando forças quando eu mais precisava. E, pela graça divina, fui abençoada com uma nova chance. Foi nesse momento que aprendi o verdadeiro significado da resiliência. Resiliência não é apenas suportar a tempestade; é emergir dela mais forte, mais sábia e mais determinada.

A experiência me transformou em uma pessoa muito mais forte e consciente do propósito que tenho na Terra. Sei que sou abençoada e que minha missão é ajudar as pessoas a acreditarem em si mesmas, a resgatarem sua autoestima, a terem fé e a alcançarem seu máximo potencial.

Hoje, olho para trás com gratidão. Sou grata pela minha vida, pela minha saúde, pelo meu corpo perfeito, pelo qual agradeço todos os dias ao acordar. Vivo uma vida normal, com um estilo de vida saudável, suplementação e atividade física regular. Não fiquei com nenhuma sequela, estou livre do uso de medicamentos.

Transbordando de tanta alegria, resolvi também me tornar terapeuta para primeiramente curar algumas lembranças do passado, me especializar em transtornos alimentares e de imagem para cuidar não somente do físico das pessoas, mas também do emocional, e assim sigo minha vida.

Ao refletir sobre minha jornada, percebo que a verdadeira transformação começa na mente. Cada obstáculo enfrentado, cada desafio superado, revelou que somos mais fortes do que imaginamos. Por isso, quero compartilhar uma mensagem com você, mulher que talvez esteja passando por momentos difíceis ou se sentindo incapaz de continuar.

Acredite no seu potencial. A confiança em si mesma é a chave para desbloquear oportunidades e realizar sonhos. Lembre-se de que o conhecimento é libertador. Invista em você.

Desenvolva sua resiliência. A vida é imprevisível, e nem sempre podemos controlar o que acontece, mas podemos controlar como reagimos. Ser resiliente não significa ignorar a dor ou o medo, mas sim encontrar a força para se levantar e continuar, mesmo quando tudo parece desmoronar.

Cultive uma mentalidade positiva. Nossos pensamentos moldam nossas realizações. Encare os desafios como oportunidades de crescimento. Substitua pensamentos negativos por afirmações de poder e gratidão. A mudança começa dentro de nós e se reflete em todas as áreas. E, acima de tudo, nunca pare de sonhar. Seus sonhos são a essência do que você pode ser. Não permita que ninguém roube sua esperança ou faça você acreditar que não é capaz.

Dentro de você existe uma força e uma sabedoria necessárias para realizar tudo o que deseja. A vida é uma jornada de altos e baixos, mas cada passo, cada queda, cada sucesso, faz parte da construção da mulher incrível que você é. Confie em si mesma, continue aprendendo, e saiba que estou aqui, torcendo por cada uma de vocês.

*“Mulheres
de impacto
transformam suas
vidas e inspiram
outras a fazerem
o mesmo. Juntas,
mudamos
o mundo.”*

Vanessa Melluzzi

Velci da Costa Klein

Eu sou Velci da Costa Klein, resido em Carazinho/RS, minha terra natal. Sou divorciada e mãe da Nicole, de 16 anos. Atuo na área de nutrição e bem-estar há 26 anos, com diversos treinamentos em liderança e desenvolvimento humano, tanto no Brasil quanto no exterior. Desde muito cedo, fiz mudanças e escolhas que fizeram toda a diferença na minha vida e me tornaram a pessoa que sou hoje.

Acredito que, mesmo enfrentando desafios, com o propósito claro e conhecimento, qualquer pessoa pode alcançar o sucesso e ajudar outras a mudarem de vida. Comigo não foi diferente.

velci_dacostaklein

+55 (54) 99980-0286

22 O PODER DA MUDANÇA ESTÁ DENTRO DE NÓS

Por Velci da Costa Klein

Desde muito jovem, venho buscando uma mudança de vida. Cresci em uma família católica, em que os valores familiares sempre foram a base e a estrutura do nosso lar. Era uma família simples, com onze irmãos — eu sou a mais nova. Meus pais eram pequenos agricultores que, morando no interior, não tiveram muitas oportunidades, mas nunca deixaram faltar nada para todos nós. Sou profundamente grata aos meus pais por todos os ensinamentos que me proporcionaram, sempre me mostrando o caminho correto. Para estudar, eu precisava caminhar vários quilômetros a pé até chegar à vila onde o ônibus passava. Nos dias chuvosos e frios, a dificuldade aumentava; eu tinha que levar um calçado limpo para trocar ao chegar na escola. Tudo isso acontecia muito cedo, ainda no escuro. Mas, mesmo com muitas dificuldades, consegui concluir o Ensino Médio.

Comecei minha vida profissional com 18 anos. Meu primeiro emprego foi como operadora de caixa em um supermercado. Sempre sonhei em ser independente, viver do meu próprio trabalho e poder ajudar a minha família, já que a nossa situação financeira não era muito boa. Meu sonho sempre foi retribuir tudo o que recebi. Como meus pais moravam no interior e nessa época eu morava com eles, precisei ir para a cidade. Passei a viver com meus tios para poder trabalhar. Essa foi minha primeira decisão, sair de casa, e isso para mim não foi fácil.

Morando fora de casa, longe da família a qual sempre eu fui muito apegada, passei por momentos difíceis, mas eu tinha um desejo ardente de mudança, tinha sonhos a realizar. Essa foi minha primeira experiência e a atitude certa a ser tomada. Eu sabia que um dia tudo isso iria passar, eu tive que fazer escolhas para mudar minha vida morando no interior, eu não queria permanecer e também desejava tirar meus pais de lá.

Trabalhei por sete anos nesse supermercado, onde tive minhas primeiras experiências. Aprendi muito, pois trabalhava em vários setores, conheci muitas pessoas, fiz vários amigos. Trabalhava de segunda a sábado à noite; no domingo eu viajava para a casa dos meus pais para passar o dia com eles e à noite voltava para me preparar para o trabalho no dia seguinte.

Sou grata a quem me ajudou a dar o meu primeiro passo na minha vida profissional, me dando a oportunidade de ter um emprego. Já passei a me sustentar e a ajudar meus pais financeiramente. No entanto, uma coisa que não me atraía era viver constantemente em uma rotina, e, naquela época, minha vida era assim. Eu sabia que não conseguiria crescer mais dentro do emprego, realizando as mesmas coisas. Eu gostava do que fazia, mas não gostava da falta de oportunidades para crescer. Ainda hoje vejo colegas fazendo exatamente o mesmo, e isso é algo que eu não queria para minha vida.

Nessa mesma época, meus pais se mudaram para a cidade, o que tornou as coisas mais fáceis para mim. Alguma coisa já estava mudando; eu podia estar com minha família todos os dias. Nessa época, eu me casei e fui morar em uma cidade vizinha. As mudanças começaram a acontecer: saí da casa dos meus pais, passei a ter a minha casa, fui trabalhar em uma cooperativa, vivi novas experiências e explorei novos horizontes, pois fui trabalhar em algo totalmente diferente do que eu fazia, o que se tornou uma grande motivação para seguir em frente.

Passaram cinco anos e mudei novamente para outra cidade, agora Erechim/RS. Na primeira semana morando nessa cidade, eu já estava em um novo emprego, em uma loja de roupas. Todos os desafios me motivaram a ir em busca dos meus sonhos. É claro que eu tinha meus medos, mas fui superando um a um. Decisão faz você mudar tudo.

Passei a entender que quando colocamos metas e buscamos soluções para alcançá-las, elas acabam se realizando. Isso estava acontecendo comigo. Outra mudança aconteceu quando decidimos abrir nosso próprio negócio. Saímos dos nossos empregos e passamos a trabalhar por conta própria, sem depender de patrão. Abrimos um pequeno mercado, mais um sonho realizado. Como donos do nosso próprio negócio, trabalhávamos muito, sem folgas, de segunda a domingo, incluindo feriados. Não estávamos alcançando as expectativas financeiras que esperávamos, trabalhávamos muito, mas o retorno financeiro era mínimo. O *pró-labore* que sonhávamos tirar nunca saiu do papel. Nessa fase da minha vida, confesso que não foi nada fácil.

Como sabemos, não existe conforto na zona de crescimento, e não há crescimento na zona de conforto, isso é muito verdadeiro. Eu estava com problemas de saúde e não tínhamos tempo livre, pois trabalhávamos de segunda a domingo até o meio-dia, mas sempre acredito que a dor da mudança é melhor do que a dor do arrependimento por não ter feito nada para mudar de vida. Nada em nossa vida acontece por acaso; tudo tem um propósito.

Foi durante o período em que estávamos trabalhando com o pequeno mercado, em 1998, que conhecemos a oportunidade que mudou nossas vidas. Fomos apresentados a uma empresa de marketing multinível no setor de nutrição e participamos de um grande evento em São Paulo. Após isso, decidimos vender o mercado para nos dedicarmos completamente ao nosso novo negócio.

Começamos a construir nosso novo negócio com muitos sonhos, metas claras e uma grande vontade de vencer e poder ajudar muitas pessoas a mudarem de vida também. Sempre abertos ao aprendizado, pois, em nossa atividade, os resultados dependem do esforço de cada pessoa.

Estamos há 26 anos empreendendo nesse negócio, e durante esse tempo realizamos muitos sonhos, como a conquista da casa própria, carros bons, várias viagens pelo Brasil e exterior. Mas, além de tudo isso, o que mais me encanta é a liberdade de tempo, os treinamentos, a qualidade de vida e ainda poder trabalhar diretamente com pessoas. Com isso, aprendo cada dia mais. Hoje, sou dona de meu próprio negócio.

E nessa época, o maior sonho da minha vida se realizou, o de ser mãe. A nossa filha Nicole chegou com apenas 3 dias de vida. Nossa filha do coração veio para mudar muitas coisas para melhor, e claro, trouxe uma nova perspectiva e alegria para nossas vidas. Obrigada por me ensinar tanto. Eu me separei há seis anos, mas hoje eu e meu ex-marido continuamos sendo sócios no negócio que desenvolvemos há 26 anos.

Sinto-me orgulhosa da pessoa em que me transformei ao longo dessa jornada. Estou sempre em busca de algo novo, e um grande exemplo disso é estar aqui, escrevendo minha própria história. Agradeço muito a Deus por sempre me guiar e ajudar a fazer as melhores escolhas em toda minha caminhada.

Nos últimos anos, tive que aprender muitas coisas, tomar muitas decisões, trilhar um novo caminho e, em alguns momentos, achei que não daria conta. O fardo estava pesado, mas me desafiei. No entanto, a fé inabalável que herdei da minha mãe e a força que sempre recebi da minha filha sempre estiveram diante de mim, e eu sempre pensei: "Vai dar tudo certo". Certa vez, ouvi de uma pessoa muito amiga: "Velci, muitas vezes precisamos dar dois passos para trás para podermos avançar com segurança". Essa é uma grande verdade.

Hoje, moro na minha cidade natal. Perto da minha família, busquei e encontrei muito apoio para minhas decisões. Nesse novo ciclo, conheci uma pessoa incrível, meu amor Rogério, que está ao meu lado me apoiando em minhas escolhas. Com ele, posso dividir minhas conquistas e sonhos, além de buscar apoio quando preciso.

Vivenciando todas essas experiências, posso dizer que sou uma pessoa realizada, feliz com todas as mudanças que fiz, com as conquistas, com minha vida espiritual, sempre buscando a Deus em todos os momentos.

Quero dizer que, se eu consegui, você também pode realizar seus sonhos e objetivos. Para isso, nunca deixe de buscar conhecimento, aprender coisas novas e se desafiar a cada dia. Faça mudanças se for necessário, construa boas amizades, tenha sempre um mentor, e o mais importante, acredite em si mesmo.

Quero agradecer a Deus por esse momento tão importante em minha vida. Sou grata à Rosilei pelo convite para fazer parte deste livro. Agradeço também à minha família pelo apoio; à minha filha Nicole, por ser minha força e inspiração; e ao meu amor, Rogerio, por sempre me apoiar em minhas decisões. Meus amigos e minhas amigas, obrigada pelo carinho; e todas as pessoas que cruzaram meu caminho durante essa jornada, deixo minha gratidão. Foram muitas as que contribuíram para meu crescimento, cada uma deixando um pouco de si. E a você, leitor, minha eterna gratidão.

Um dia, tenho certeza de que você também contará sua história de como superou todas as dificuldades e chegou ao topo, tornando-se uma inspiração para milhares de pessoas.

"Seja um vencedor, nunca desista dos seus sonhos e celebre cada conquista com muito amor. E, acima de tudo, tenha muita gratidão."

Velci da Costa Klein

Yvana Delpino Pacifici

Sou Yvana Delpino Pacifici, tenho 53 anos, nasci em Belo Horizonte/MG, onde resido com minha amada família: meu esposo, Frederico, com quem sou casada há 27 anos, e minhas duas filhas, Giovana e Barbara.

Sou contadora de formação, empresária e mentora na área do bem-estar. Participo constantemente de estudos e conferências, me dedicando a me lapidar e a me tornar uma pessoa mais eficaz e inspiradora para, com isso, ajudar muitas pessoas. Meu propósito de vida é agregar valor na vida das pessoas fazendo com que acreditem no seu potencial magnifico.

Atuo em trabalhos voluntários com moradores de rua e em uma pastoral da escuta, por meio dos quais acolho quem precisa de ajuda.

yvana_pacifici

Yvana Pacifici

yvanaefred@gmail.com

Mulheres de impacto

23 DANDO A VOLTA POR CIMA

Por Yvana Delpino Pacifici

Nasci em uma família maravilhosa, composta de cinco filhos e pais amorosos, sempre presentes e abençoados. Minha mãe era dona de casa e meu pai, advogado e empresário. Ambos foram exemplos de amor e companheirismo. Nunca testemunhei uma briga entre eles, eram um casal admirável.

Meu pai era um homem extraordinário, íntegro e um pai exemplar. Trabalhava incansavelmente como empresário em Ouro Preto/MG, gerindo postos de gasolina e atuando como advogado. Sua dedicação em construir um patrimônio e oferecer o melhor para sua família era inigualável. Minha mãe, por sua vez, era uma mulher amorosa e cuidadosa, que dedicou sua vida a cuidar da casa e dos filhos.

Infelizmente, meu pai lutou desde cedo contra a diabetes, e quando eu tinha 7 anos, ele perdeu completamente a visão. Esse foi um momento de profunda tristeza para nossa família. Mamãe, com sua fé inabalável, acreditava no milagre da cura, enquanto papai, cada dia mais triste e desanimado, expressava o desejo de não viver daquela maneira. Apesar de todos os esforços, ele faleceu aos 51 anos cego, obeso e diabético.

Minha mãe, aos 44 anos, ficou viúva com cinco filhos para criar. Eu, a caçula, tinha apenas 9 anos, enquanto minha irmã mais velha tinha 23. Mamãe nunca havia trabalhado fora e conhecia pouco dos negócios do meu pai. Nós, filhos, éramos imaturos e não tínhamos noção do patrimônio que ele havia deixado. Foi com os vários imóveis herdados que minha mãe conseguiu nos sustentar, embora tenha enfrentado muitas dificuldades devido à sua inexperiência. Ela pagou contas indevidas, penhorou imóveis por não ler contratos corretamente, mas Deus sempre a abençoou. Sua fé inabalável a guiava, e ela sempre acreditava que tudo daria certo.

Algumas de suas frases que marcaram minha vida, pois a considero minha grande mentora, foram:

- "No final, tudo dá certo. Se ainda não deu, é porque não chegou ao final."
- "O possível é conosco, o impossível é com Deus, nosso Pai maravilhoso, que nos ama incondicionalmente e sempre faz o melhor para nós!"
- "O choro pode durar uma noite, mas a alegria vem pela manhã! Amanhã será um novo dia e tudo vai dar certo."

Comecei a empreender ao lado da minha mãe aos 9 anos, acompanhando-a para receber os aluguéis dos nossos imóveis em Ouro Preto/MG. Eram dias incríveis, repletos de aprendizado, em que resolvíamos problemas de imóveis, negociávamos contratos, íamos à prefeitura e à imobiliária e lidávamos com inquilinos. Eram momentos memoráveis! Aprendi muito com aquela dona de casa que, mesmo com medo, se vestia de coragem, se informava e fazia acontecer. Esses momentos moldaram meu caráter de forma indelével.

Minha mãe sempre carregava consigo livros de desenvolvimento pessoal e oração e, em cada ida e vinda, se fortalecia lendo-os para enfrentar o que fosse necessário.

Aos 16 anos, comecei a vender bijuterias na escola e a trabalhar com Fred, meu namorado na época, nos escritórios das oficinas de carros dele. Também fiz o curso de contabilidade. Aos 22 anos, montei minha primeira empresa na área de beleza e estética. Aos 24, já tinha duas empresas neste setor, mas, aos 26, me vi completamente falida, acima do peso, com a saúde debilitada e os sonhos engavetados.

Foi nesse momento que conheci, por meio do meu namorado, Frederico Pacifici (hoje marido), uma grande empresa de nutrição do mundo. Inicialmente, não me interessei pela oportunidade de negócios nem pelos produtos, e demorei um ano para me envolver. Ele, muito entusiasmado, tentava me mostrar que era uma excelente oportunidade: eu poderia me cuidar e, simultaneamente, fazer um grande negócio. Naquela época, eu vivia um verdadeiro "inverno" na minha vida: endividada, 15 kg acima do peso e com a saúde em frangalhos. Eu não tinha energia para procurar emprego e só queria ficar na cama.

Com muito carinho, Fred me apresentou uma linha maravilhosa de nutrição e uma equipe de apoio, que me ensinava diariamente a cuidar de mim, tanto fisicamente quanto emocionalmente. Na primeira semana, envolvida com os produtos e cercada por pessoas incríveis, eliminei 2 kg; em quinze dias, foram 5 kg; e em noventa dias, já tinha eliminado 15 kg, recuperado minha saúde e reencontrado minha energia.[1]

Com esse resultado incrível e cercada por pessoas que me enchiam de força, fé e entusiasmo, me apaixonei pelo projeto e propósito da empresa. Decidi me envolver profissionalmente e abraçar este projeto de mudar vidas com produtos sensacionais de nutrição, além de vislumbrar uma grande oportunidade de negócios.

O resultado obtido, comprovado por fotos, impulsionou minha jornada. Com olhos brilhantes, compartilhava meu êxito com todos que me cercavam. Esta vontade de levar outros a viverem aquele êxtase como eu estava vivendo me fez construir de forma simples, mágica e divertida um negócio extraordinário.

Minha trajetória de superação me transformou em uma mulher resiliente, segura e com uma fé inabalável. Passei de uma mulher tímida, com sonhos engavetados e saúde debilitada a uma mulher forte, decidida, com propósito de vida, saúde renovada e muitos sonhos realizados.

Em nove anos, de 1997 a 2006, transformei minha vida, saindo do fundo do poço para o topo da montanha. Vivi uma jornada de fracassos, perdas e desespero para alcançar uma vida próspera, com estabilidade financeira e reconhecimento na minha área, provando que determinação, trabalho árduo, fé inabalável e disciplina podem transformar situações desesperadoras em histórias de triunfo.[2]

Com todo o carinho, compartilho algumas poderosas dicas que transformaram minha vida, acreditando que também podem ser o ponto de virada que você tanta busca:

1. **Fé inabalável**: busque a Deus com todas as suas forças, conecte-se com Ele e crie um relacionamento íntimo. Deus

1 O resultado obtido por mim inclui, entre outros aspectos, uma dieta alimentar equilibrada, exercício físico regular, ingestão adequada de líquidos, suplementação nutricional, quando necessária, e descanso apropriado.
2 Os resultados obtidos por mim não representam nenhuma garantia de rendimento nem são típicos, apenas possibilidades.

é amor, faça tudo com muito amor e verá a mudança na sua vida.

2. **Seja excelente no que faz**: faça tudo com foco total, seja tão bom que será impossível ser ignorado.
3. **Lide bem com a pressão**: não é o que acontece, mas é como você reage ao que acontece que importa (autocontrole emocional).
4. **Sua filosofia pessoal e sua mentalidade ditam o seu futuro**: a riqueza não vem do ter, mas do ser.
5. **Cuide de suas associações, suas amizades**: somos a média das cinco pessoas com quem mais convivemos.
6. **Disciplina é fundamental**: ela é a ponte que liga o sonho à realização (Jim Rohn). Nem todos os dias você estará motivado para fazer o que tem que ser feito, mas a disciplina não deixará você parar.
7. **Tenha metas claras**: visualize seus objetivos em detalhes a cada dia. Eles proporcionam uma visão do futuro. Trabalhe diariamente para alcançá-los. Imagine seu corpo ideal, as roupas que deseja, a casa dos seus sonhos, a conta bancária que almeja, os relacionamentos que deseja, o trabalho voluntário que pretende realizar, quantas pessoas vai ajudar. Estipule datas e escreva sua meta. Saiba qual é o seu objetivo primordial, estabeleça prioridades e anote. Formalize o que é importante para você. Tire da mente, coloque num papel e leia frequentemente.
8. **Tenha compromisso total com suas metas**: a maioria das pessoas não falha por falta de habilidade, mas sim por falta de compromisso. É impressionante como a falta de compromisso tem sido o calcanhar de Aquiles de grande parte dos empreendedores. Esse é o ponto fraco de muitas pessoas que buscam o sucesso e não o alcançam. É o ponto em que as pessoas se sentem mais frágeis e não têm domínio suficiente para continuar trabalhando no objetivo.

Muitos empreendedores promissores e com grandes possibilidades de sucesso falham nesse ponto. Já vi muitas pessoas habilidosas que não conseguiram transformar seu trabalho em resultados. Por quê? Porque não tinham o compromisso necessário. Se você não tem compromisso, então não tem disciplina. E sem disciplina nunca transformará qualquer habilidade, seja em qual área for, em resultados.

Comece agora mesmo a colocar mais valor nos compromissos que você assume. E assuma mais compromissos de valor para o seu sucesso.

Comprometer-se com seus objetivos é como assinar um contrato mental consigo mesmo, em que você assume que não vai abrir mão do que tem que ser feito, da sua eficiência, não vai diminuir a intensidade de execução em nenhuma circunstância que seja.

9. **Pratique a generosidade**: doe e receba. Ao doar, você favorece o crescimento, assim como um jardineiro quando faz uma poda está favorecendo o crescimento da árvore. Temos de praticar a caridade e a generosidade.
10. **Não há fracasso, apenas resultados**: para que as coisas mudem, você precisa mudar (Jim Rohn).
11. **Cuide da sua fisiologia**: ela reflete sua energia. Boa alimentação, exercícios físicos, respiração, postura, controle do estresse e boa noite de sono moldam a fisiologia.
12. **Vibração positiva**: vibre tão alto que o universo não tenha outra escolha a não ser atender seus desejos.
13. **Alegria cria abundância**: alegria é a frequência da prosperidade, da cura, do amor e da gratidão. Você está se divertindo no meio do caminho? Está curtindo o processo?
14. **Ore na frequência certa**: não ore no desespero, mas sim na gratidão e alegria.
15. **Acredite no seu merecimento**: só vai entrar na sua vida aquilo que você se sente merecedor de ter.
16. **Busque mentores**: modele o que há de melhor nos outros, mas acrescente sua própria identidade.
17. **Nunca se esqueça**: você não está sozinho! Deus está com você, não pare. Desistir não é opção! Quando tudo parecer perdido, faça o possível, e Deus fará o impossível!

Referência bibliográfica

ROHN, J. *As cinco peças para o quebra-cabeça da vida*. Estados Unidos: Jim Rohn International, 1991.

“Transformei obstáculos em degraus e hoje sou a prova viva de que o desejo ardente pode mudar qualquer destino.”

Yvana Delpino Pacifici

EDITORA
CHAVE MESTRA®

Instagram: @editorachavemestra

E-mail: editora@editorachavemestra.com.br

Site: www.editorachavemestra.com.br